古典文獻研究輯刊

十六編

潘美月・杜潔祥 主編

第 7 冊

黃以周《禮書通故》研究（下）

謝淑熙 著

國家圖書館出版品預行編目資料

黃以周《禮書通故》研究（下）／謝淑熙 著 — 初版 — 新北市：
花木蘭文化出版社，2013〔民 102〕
目 4+136 面；19×26 公分
（古典文獻研究輯刊 十六編；第 7 冊）
ISBN：978-986-322-158-6（精裝）
1. 禮書通故 2. 研究考訂
011.08   102002352

ISBN-978-986-322-158-6

9 789863 221586

古典文獻研究輯刊
十六編 第 七 冊   ISBN：978-986-322-158-6

黃以周《禮書通故》研究（下）

作　　　者　謝淑熙
主　　　編　潘美月　杜潔祥
總 編 輯　杜潔祥
企劃出版　北京大學文化資源研究中心
出　　　版　花木蘭文化出版社
發 行 所　花木蘭文化出版社
發 行 人　高小娟
聯絡地址　235 新北市中和區中安街七二號十三樓
　　　　　　電話：02-2923-1455／傳眞：02-2923-1452
網　　　址　http://www.huamulan.tw 信箱 sut81518@gmail.com
印　　　刷　普羅文化出版廣告事業
初　　　版　2013 年 3 月
定　　　價　十六編 30 冊（精裝）新台幣 50,000 元
　　　　　　　　　　　　　　　　　　　　版權所有·請勿翻印

黃以周《禮書通故》研究（下）

謝淑熙　著

第七章 《禮書通故》禮學延伸探討

　　黃以周學養深厚，博覽群經，論述義理，精研透闢。《禮書通故》一書考辨詳明，斷制準確，解析諸多禮學疑義與各家見解之紛爭，具有崇高之學術價值，問世以來，在學術界一直享有盛譽。晚近音韻、訓詁學家黃侃在〈禮學略說〉云：

> 清世禮家輩出，日趨精密；于衣服、宮室之度，冠、昏、喪、祭之儀，軍、賦、官祿之制，天文、地理之說，皆能考求古義，羅縷言之。……至通論《三禮》之書，若《禮書綱目》、《白虎通疏證》、《禮箋》、《求古錄》、《禮說》、《禮學厄言》、《五禮通考》、《禮書通故》；此皆博綜經記，包含至富矣。其間家法分明，則宜數句容之陳，……析義詳密，則莫過定海之黃。〔註1〕

說明清代禮學在經過元、明之「積衰時代」，轉為推崇實學，以矯空疏之弊〔註2〕。清代禮學家潛心研究《三禮》，因而禮學名著卓然成家。如、江永著《禮書綱目》、陳立著《白虎通義疏證》、金榜（1735～1801）著《禮箋》、金鶚著《求古錄》、惠士奇（1671～1741）著《禮說》、孔廣森（1752～1786）著《禮學厄言》、秦蕙田著《五禮通考》、黃以周著《禮書通故》等書，皆是博大精深，內容宏富之作。其中家法分明之作當推陳立之《白虎通義疏證》，而析義詳密之作，非黃以周之《禮書通故》莫屬。《禮書通故》受到晚清禮學家之重視，由此可見。

〔註1〕 黃侃著：〈禮學略說〉，《黃侃論學雜著》（臺灣：中華書局，1969 年 8 月），頁452～453。
〔註2〕 〔清〕皮錫瑞撰、周予同注：〈經學復盛時代〉，《經學歷史》，頁323。

第一節　《禮書通故》與《通典》、《五禮通考》三者關係

關於《通典》、《五禮通考》與《禮書通故》三者之關係，根據章太炎〈黃以周先生傳〉云：

> 先生爲《禮書通故》百卷，列五十目，囊括大典，揉比眾甫，本枝敕備，無尨不班，益與杜氏《通典》比隆，其校覈異義過之，諸先儒不決之義盡明之矣〔註3〕。

俞樾在《禮書通故・序》亦云：

> 君爲此書，不墨守一家之學，綜貫群經，博采眾論，實事求是，惟善是從。……至其宏綱巨目，凡四十有九，洵足究天人之奧，通古今之宜，視秦氏《五禮通考》博或不及，精則過之。向使文正得見此書，必大嗟歎，謂秦氏之後又有此作，可益三通而五矣。
>
> 〔註4〕

章太炎稱許《禮書通故》囊括大典，可與《通典》相提並論；俞樾則以《禮書通故》究天人之奧，通古今之宜，可與《五禮通考》相互輝映。清代二位學者均對《禮書通故》推崇備至。由此可知，《禮書通故》與《通典》、《五禮通考》三者在詮釋經典制度上，有承先啓後之關係。茲述三者之共通性如下：

一、通論歷代典章制度

（一）《禮書通故》

關於《禮書通故》通論歷代典章制度之說明，詳見第五章《禮書通故》成書與傳承考述，第一節《禮書通故》名義溯源之敘述。

（二）《通典》

《通典》全書達五十七萬餘字，共二百卷，分爲食貨十二卷、選舉六卷、職官二十二卷、禮一百卷、樂七卷、兵十五卷、刑八卷、州郡十四卷、邊防十六卷等九門，每門又各分爲若干子目。全書記述典章制度歷史沿革，起訖時間：上自唐、虞三代，下訖唐玄宗天寶末年。雖是各代兼顧，但更偏重唐

〔註3〕汪兆鏞纂錄：章太炎〈黃以周先生傳〉，《碑傳集三編》，頁141。
〔註4〕〔清〕黃以周撰、王文錦點校：《禮書通故》，頁2。

代各項典章制度。此種略古詳今之原則，是由杜佑在〈進通典表〉中提出之「將施有政，用乂邦家」〔註5〕宗旨所決定。杜佑以豐厚之學養，將龐雜之史料納入《通典》二百卷之中，正因爲體大博洽，綱目鉅全，包羅古今，涵貫精粗，唐、宋時人將此書視之爲「類書」；而《四庫全書總目》稱讚其「詳而不煩，簡而有要」〔註6〕，誠爲允當之贊語。

（三）《五禮通考》

《五禮通考》全書分有七十五類，共兩百六十二卷。其所考五禮，依《周官・大宗伯》之目，以吉、凶、軍、賓、嘉爲次，吸取前人之長，意在會通。秦蕙田於〈答顧復初司業論《五禮通考》書〉云：「通考者，考三代以下之經文，以立其本原，考三代以後之事迹而正其得失。本原者，得失之度量權衡也；得失者，本原之濫觴流極也。本原之不立，壞於注疏百家之穿鑿附會，故積疑生障，必窮搜之，明辨之。得失之不正，紊於後代之私心杜撰，便利自私，至障錮成疾，必備載之，極論之。」〔註7〕強調其撰著《五禮通考》乃在於會通歷代禮制文獻與各家論禮學說，探制作之本旨，究變遷之得失。秦蕙田既以通考爲意，故不僅闡述歷代《禮經》源流，且重視歷代禮制沿革。盧文弨（1717～1795）《五禮通考・跋》云：「吾師味經先生因徐氏《讀禮通考》之例而遍考五禮之沿革，博取精研，凡用功三十八年而書乃成。」〔註8〕誠爲中肯之言。

二、會通歷代制度沿革

（一）《禮書通故》

關於《禮書通故》會通歷代制度沿革之說明，詳見第六章《禮書通故》著作體例與詮釋方法探析，第四節《禮書通故》詮釋方法，二、深究群經，會通眾說之敘述。

〔註5〕　〔唐〕杜佑撰、王文錦、王永興、劉俊文、徐庭雲、謝方點校：《通典》（北京：中華書局，2007 年），頁 1。

〔註6〕　〔清〕永瑢、紀昀等：〈史部・政書類〉，《四庫全書總目提要》，卷 80，頁 678。

〔註7〕　徐世昌等編纂：〈答顧復初司業論《五禮通考》書〉，《清儒學案・味經學案》，卷 67，頁 2593～2594。

〔註8〕　〔清〕盧文弨：《抱經堂文集》（上海：上海古籍出版社，《續修四庫全書》冊 1432），卷 8，頁 626。

（二）《通典》

《通典》記載典章制度，往往援引歷代具有參考價值之議論。於杜佑〈通典序〉云：

> 所纂《通典》，實採群言，徵諸人事，將施有政。夫理道之先在乎行教化，教化之本在乎足衣食。《易》稱聚人曰財。〔註9〕〈洪範〉八政，一曰食，二曰貨。〔註10〕《管子》曰：「倉廩實而知禮節，衣食足知榮辱。」〔註11〕夫子曰：「既富而教。」〔註12〕斯之謂矣。夫行教化在乎設職官，設職官在乎審官才，審官才在乎精選舉，制禮以端其俗，立樂以和其心，此先哲王致治之大方也。故職官設然後興禮樂焉，教化墮然後用刑罰焉，列州郡俾分領焉，置邊防遏戎敵焉。〔註13〕

由上述引文，可知《通典》之成書，會通《易》、《尚書·洪範》、《管子》、孔子之學說思想，將人民衣食無缺，財貨充裕，視爲中國古代賢君治國之圭臬。《尚書·洪範》八政，一曰食，二曰貨，體現古代以富民爲本之治國思想。《管子》主張：「倉廩實而知禮節，衣食足而知榮辱。」孔子主張既富而教。杜佑會通先秦經典學說，因此將「食貨」置於九典之首。《通典》融會貫通歷代正史書志之內容，並撰成具有通史性質之典章制度巨著。《通典》在「統前史之書志」、「撰述取法乎官禮」、「以典故爲紀綱」〔註14〕等方面取得重大成就。而「會通古今」上，「古」則爲窮其淵源，上溯自黃帝，「今」則論及唐天寶之末。〔註15〕《通典》九典依序爲：食貨、選舉、職官、禮、樂、兵、刑、

〔註9〕〔漢〕班固：〈食貨志四上〉，《漢書》：「《易》稱『天地之大德曰生，聖人之大寶曰位；何以守位曰仁，何以聚人曰財。』」，卷24上，頁1117。

〔註10〕同上注：「〈洪範〉八政，一曰食，二曰貨。食謂農殖嘉穀可食之物。」，卷24上，頁1117。

〔註11〕〔漢〕司馬遷著：〈管晏列傳〉，《史記》：「管仲既任政相齊，以區區之齊在海濱，通貨積財，富國彊兵，與俗同好惡。故其稱曰：『倉廩實而知禮節，衣食足而知榮辱，上服度則六親固。』」，卷62，頁2132。

〔註12〕〔魏〕何晏集解，〔宋〕邢昺疏：〈子路〉：「子適衛，冉有僕。子曰：『庶矣哉！』」「冉有曰：『既庶矣，又何加焉？』曰：『富之。』曰：『既富矣，又何加焉？』曰：『教之。』」見《論語注疏》，卷13，頁116。

〔註13〕〔唐〕杜佑撰、王文錦、王永興、劉俊文、徐庭雲、謝方點校：《通典》，卷1，頁1。

〔註14〕〔清〕章學誠：〈釋通〉，《文史通義》內篇，（臺北：國史研究室，1972年），頁129。

〔註15〕〔唐〕杜佑撰、王文錦、王永興、劉俊文、徐庭雲、謝方點校：〈通典序〉，《通

州郡、邊防，此九個部門，首先從滿足人民物質生活之需求爲基準，循序漸進，經由政治、國防之推動，以達到禮樂世界爲理想目標。《通典》全篇內容，蘊含著杜佑之政治理想。

（三）《五禮通考》

　　秦蕙田所撰《五禮通考》，彙集先秦至明代禮學文獻，是研究我國古代禮制之重要著作。於《五禮通考・自序》云：

> 丁卯戊辰，治喪在籍，杜門讀《禮》，見崑山徐健菴先生《通考》規模義例具得朱子本意。惟吉嘉賓軍四禮尚屬闕如。惜宸錫、大年相繼徂謝，乃與學士吳君尊彝，陳舊篋、置鈔胥、發凡起例，一依徐氏之本，並取向所考定者，分類排輯，補所未及。服闋後，再歷容臺，徧覽典章，日以增廣。……凡爲門類七十有五、爲卷二百六十有二。自甲辰至是、閱寒暑三十有八而年亦已六十矣。顧以蕙田之譾陋，遭遇聖明，復理舊業以期無瘝厥職而已。〔註16〕

《四庫全書總目提要》又云：

> 是書因徐乾學《讀禮通考》惟詳「喪葬」一門，而《周官・大宗伯》所列五禮之目，古經散亡，鮮能尋端竟委，乃因徐氏體例，網羅眾說，以成一書。凡爲類七十有五。以樂律附於吉禮宗廟制度之後；以天文推步、句股割圓，立「觀象授時」一題統之；以古今州國都邑山川地名，立「體國」一題統之：並載入《嘉禮》。〔註17〕

乾隆十二年（1747），秦蕙田丁父憂治喪時，研讀徐乾學（1631～1694）《讀禮通考》，發現此書特點「於《儀禮》〈喪服〉、〈士喪〉、〈既夕〉、〈士虞〉等篇及《大、小戴記》，則仿朱子《經傳通解》，兼采眾說，剖析其義。於歷代典制，則一本正史，參以《通典》及《開元禮》、《政和五禮新儀》諸書。立綱統目，其大端有八：一曰喪期、二曰喪服、三曰喪儀節、四曰葬考、五曰喪具、六曰變禮、七曰喪制、八曰廟制。喪期歷代異同則有表，喪服暨儀節、喪具則有圖。縷析條分，頗爲詳備」〔註18〕，但對於《周官・大宗伯》所列

典》：「本初纂錄，止於天寶之末。」，卷1，頁1。
〔註16〕徐世昌等編纂：〈秦先生蕙田〉，《清儒學案・味經學案》，卷67，頁2583～2584。
〔註17〕〔清〕永瑢、紀昀等：〈經部・禮類二・五禮通考〉，《四庫全書總目提要》，卷20，頁432。
〔註18〕同上注。

五禮之「吉、嘉、賓、軍」四禮未有言及，於是仿照《讀禮通考》體例，網羅眾說，加以擴展，以成《五禮通考》一書。

第二節　《禮書通故》與《通典》之比較分析

一、《通典》作者事略

　　杜佑，字君卿，京兆萬年（今陝西西安）人。玄宗開元二十三年（735）生於累世仕宦之家，是唐代中期著名之政治家、史學家。依據《舊唐書‧杜佑傳》記載：

> 杜佑字君卿，京兆萬年人。曾祖行敏，荊、益二州都督府長史、南陽郡公。祖慤，右司員外郎、詳正學士。父希望，歷鴻臚卿、恆州刺史、西河太守，贈右僕射。佑以蔭入仕，補濟南郡參軍、剡縣丞。……貞元三年，徵爲尚書左丞，又出爲陝州觀察使，遷檢校禮部尚書、揚州大都督府長史，充淮南節度使。丁母憂，特詔起復，累轉刑部尚書、檢校右僕射。……十九年入朝，拜檢校司空、同平章事，充太清宮使。德宗崩，佑攝冢宰，尋進位檢校司徒，充度支鹽鐵等使，依前平章事。旋又加弘文館大學士。……順宗崩，佑復攝冢宰，尋讓金穀之務，引李巽自代。先是，度支以制用惜費，漸權百司之職，廣署吏員，繁而難理；佑始奏營繕歸之將作，木炭歸之司農，染練歸之少府，綱條頗整，公議多之，朝廷允其議。〔註19〕

由上述引文，可知杜佑 18 歲入仕，78 歲致仕，歷經玄宗、肅宗、代宗、德宗、順宗、憲宗六朝，仕宦六十年，先後在刑、工、戶、度支各部任官。六十年之官場生涯，使其熟悉唐朝之政治、經濟等方面之典章制度，尤以晚年官至宰相，身負朝政重任，更周知國家盛衰之關鍵問題。貞元十七年（801），自淮南使人詣闕獻之，云：

> 臣聞太上立德，不可庶幾；其次立功，遂行當代；其次立言，見志後學，由是往哲遞相祖述，將施有政，用乂邦家。……夫《孝經》、《尚書》、《毛詩》、《周易》、《三傳》，皆父子君臣之要道，十倫五教

〔註19〕〔後晉〕劉昫等：〈杜佑傳〉，《舊唐書》（臺北：鼎文書局，1978 年），卷 147，頁 3978～3979。

之宏綱，如日月之下臨，天地之大德，百王是式，終古攸遵。然多
記言，罕存法制，愚管窺測，莫達高深，輒肆荒虛，誠爲億度。每
念憒學，莫探政經，略觀歷代眾賢著論，多陳奓失之弊，或闕匡拯
之方。〔註20〕

說明立言可以傳述經邦濟世之道理、齊家治國之方法。並指出《孝經》、《尚
書》、《毛詩》、《周易》、《三傳》等經典，是宏大十倫五教之圭臬，因此，君
王施政，不可忽略人倫教化。《舊唐書·杜佑傳》記載：

佑性勤而無倦，雖位極將相，手不釋卷；質明視事，接對賓客，夜
則燈下讀書，孜孜不怠。與賓佐談論，人憚其辯而伏其博，設有疑
誤，亦能質正。始終言行，無所玷缺。〔註21〕

杜佑一生雖身居高位，日理萬機之餘，仍好學不倦，堪稱「仕而優則學，學
而優則仕」〔註22〕之典範。其寬厚而嚴謹之性格，充分表現在工作上。《舊唐
書·杜佑傳》云：

佑性敦厚強力，尤精吏職，雖外示寬和，而持身有術。爲政弘易，
不尚皦察，掌計治民，物便而濟，馭戎應變，即非所長。性嗜學，
該涉古今，以富國安人之術爲己任。〔註23〕

說明杜佑爲人敦厚，處事認眞，體察民情，爲民興善，盡忠職守，值得稱道。
而且又留意經典古籍，能變通古今學術思想，筆之於書，傳承後代。仕政治
上，以富國安民之術爲己任，針對時弊，提出開源節流，裁減冗員之主張，
同時又精於吏道，頗受朝野敬重。對於經濟財政事務，苦心鑽研，更深入研
究各項制度之沿革損益，力求治理之要道，因而有名著《通典》之創作。

二、《通典》之體例

　　《通典·禮典》前六十五卷是按《周禮》所述「吉、嘉、賓、軍、凶」
五禮順序編次，後三十五卷採自《大唐開元禮》之部分亦是按吉、嘉、賓、
軍、凶順序編次。茲述《通典》編纂之體例如下：

〔註20〕同上注，頁3983。
〔註21〕〔後晉〕劉昫等：〈杜佑傳〉，《舊唐書》，頁3983。
〔註22〕〔魏〕何晏等集解、〔宋〕邢昺疏：〈子張〉：「子夏曰：『仕而優則學，學而優
　　　　則仕。』正義曰：『此章勸學也，言人之仕官行己職，而優閒有餘力，則以學
　　　　先王之遺文也。若學而德業優長者，則當仕進以行君臣之義也。』」，《論語注
　　　　疏》，卷19，頁172。
〔註23〕同注21，頁3982。

（一）杜佑編纂《通典》，實受劉秩《政典》之啟發

《舊唐書·杜佑傳》云：

> 初開元末，劉秩採經史百家之言，取《周禮》六官所職，撰分門書
> 三十五卷，號曰《政典》，大爲時賢稱賞，房琯以爲才過劉更生。佑
> 得其書，尋味厥旨，以爲條目未盡，因而廣之，加以開元禮、樂，
> 書成二百卷，號曰《通典》。〔註24〕

唐玄宗開元末年，著名史家劉知幾之子劉秩採集經史百家資料，以《周禮》之天、地、春、夏、秋、冬六官爲體例，分門別類，撰成一部 35 卷之政書《政典》，受到時人贊賞。杜佑對此書詳加研究，認爲該書內容仍有闕失，於是擴充改寫，在唐代宗大歷初年開始撰寫，至唐德宗貞元十七年（801）上表進書，歷時三十六年。《通典》共二百卷，分爲食貨、選舉、職官、禮、樂、兵、刑法、州郡、邊防等九門，〔註25〕《通典》專敘歷代典章制度與沿革變遷，對各種典章制度、經濟現象和周邊民族，溯源明流，貫通古今，對後世史書之撰述有深遠之影響。

（二）取法《周禮》體裁編纂《通典》

杜佑〈進《通典》表〉云：

> 尚賴周氏典禮，秦皇蕩滅不盡，縱有繁雜，且用准繩。至於往昔是
> 非，可爲來今龜鏡，布在方冊，亦粗研尋。自頃纘修，年涉三紀，
> 識寡思拙，心昧詞蕪。圖籍實多，事目非少，將謂功畢，周愧乖疏，
> 固不足發揮大猷，但竭愚盡慮而已。書凡九門，計二百卷，不敢不
> 具上獻，庶明鄙志所之。〔註26〕

闡述編纂《通典》之動機與目的，在內容上是要突出「法制」、「政經」，以歷代典章制度及其流變、得失爲中心，進而表明，撰述《通典》在內容和形式上均受到《周禮》之啟發，其中包含內容「法制」與「事目」兩方面之啟發。

（三）杜佑以唐禮為本，刪繁要約，編成《開元禮纂類》，作為行事之依據

唐玄宗開元二十九年（741）頒行之《大唐開元禮》，是編纂《通典》重

〔註24〕同注 21，頁 3982。

〔註25〕〔唐〕杜佑撰、王文錦、王永興、劉俊文、徐庭雲、謝方點校：〈點校前言〉，《通典》，頁 2。

〔註26〕〔後晉〕劉昫等：〈杜佑傳〉，《舊唐書》，卷 147，頁 3983。

要之史源之一。從《通典·禮典》觀之，杜佑以唐禮爲本，刪繁要約，編成《開元禮纂類》，作爲行事之依據，再探究禮制之沿革損益，另外編纂，與唐禮相銜接，作爲行事之參考，二者相輔相成。杜佑窮盡畢生之心力編纂〈禮典〉，正是爲國家施政之所需。杜佑於〈禮序〉云：

> 二十年九月，新禮成，凡百五十卷，是爲《大唐開元禮》。於戲！百代之損益，三變而著名，酌乎文質，懸諸日月，可爲盛矣。《通典》之所纂集，或泛存沿革，或博采異同，將以振端末、備顧問者也，烏禮意之能建乎！但前古以來，凡執禮者，必以吉凶軍賓嘉爲次；今則以嘉賓次吉，軍凶後賓，庶乎義類相從，終始無黷云爾。〔註27〕

杜佑讚美《大唐開元禮》歷經「援古附今，臨時專定，貞觀、顯慶二禮，亦皆施行」〔註28〕與「請學士等更討論古今，刪改行用」〔註29〕過程之研擬編纂，方有「百代之損益，三變而著名，酌乎文質，懸諸日月，可爲盛矣」。《大唐開元禮》之問世。杜佑對五禮次序之排列，爲吉禮、賓禮、軍禮、嘉禮與凶禮。此種排列方式，是承襲「貞觀禮、顯慶禮、開元禮」而來。

（四）突破禮書與書志之格局，而具有創新之特點

在《通典》九門之中，食貨、職官、禮、樂、刑、州郡等六門，皆是舊史書志已有之門類。《通典》記載典章制度，往往援引前人具有價值之議論。《通典》卷四二〈自注〉云：

> 凡義有經典文字其理深奧者，則於其後說之以發明，皆云「說曰」。
> 凡義有先儒各執其理，並有通據而未明者，則議之，皆云「議曰」。
> 凡先儒各執其義，所引據理有優劣者，則評之，皆云「評曰」。他皆同此。〔註30〕

杜佑在書中，經常以「說曰」、「議曰」、「評曰」等文字，來敘述某一代制度，或對前世後代相悖相契之處，發表議論，比較古今之得失，足證杜佑評論史實，態度精審。《通典》各門徵引，多存舊話，尤頗有補於經訓。《四庫全書總目提要》云：

〔註27〕　同註25，卷41，頁1122。
〔註28〕　〔唐〕杜佑撰、王文錦、王永興、劉俊文、徐庭雲、謝方點校：《通典》，卷41，頁1122。
〔註29〕　同上注。
〔註30〕　同上注，卷42，頁1167。

至其各門徵引《尚書》、《周官》諸條，多存舊話；如〈食貨門〉引
《尚書》「下土墳壚」注，謂壚，疏也。與孔疏所引《說文》「黑剛
土也」互異。又「瑤琨筱簜」注，筱，竹箭；簜、大竹。亦傳疏所
未備。〈職官門〉引《周官》太宰之屬有司會，逆群吏之治而聽其會
計，注云：「逆謂受也，受而鉤考之，可知得失多少。」較賈公彥疏
頗爲明晰。似此之類，尤頗有補於經訓。〔註31〕

《通典》徵引《尚書》、《周官》等古籍，往往保留原典之注解，有助於後學
能夠正確辨析古籍字句之原義，可供研究有關古文獻者之參考。

綜上所述，可知《通典》一書，體大博洽，綱目鉅全，包羅古今，涵貫
精粗。《通典》是我國第一部記載典章制度之通史，在紀傳體以人物爲中心、
編年體以時序爲脈絡之外，開創以典章制度爲主題之史學編纂新體例。

三、《通典》之學術價值

杜佑撰成《通典》以後，典制史纂述之風氣更加興盛。最著名者是宋代
鄭樵之《通志》、馬端臨之《文獻通考》，與《通典》合稱爲「三通」。《通典》
之史料價值，在唐、五代時已經受到人們之重視。《舊唐書・杜佑傳》云：「其
書大傳於時，禮樂刑政之源，千載如指諸掌，大爲士君子所稱。」〔註32〕對
杜佑編撰之《通典》讚譽有加。茲述《通典》之學術價值如下：

（一）《通典》以記歷代典章制度及其得失因革爲中心，影響人心，裨益世局

杜佑《通典・自序》云：

夫理道之先，在乎行教化；教化之本，在乎足衣食……夫行教化在
乎設職官，設職官在乎審官才，審官才在乎精選舉，制禮以端其
俗，立樂以和其心；此先哲王致治之大方也。故職官設然後興禮樂
焉；教化隳然後用刑罰焉；列州郡，俾分領焉；置邊防，遏戎狄
焉。是以食貨爲之首，選舉次之，職官又次之，禮又次之，樂又次
之，刑又次之，州郡又次之，邊防末之。或覽之者，庶之篇第之旨
也。〔註33〕

〔註31〕　〔清〕永瑢、紀昀等：《通典》，《四庫全書總目提要》，卷81，頁678～679。
〔註32〕　〔後晉〕劉昫等撰：〈杜佑傳〉，《舊唐書》，卷147，頁3983。
〔註33〕　〔唐〕杜佑撰、王文錦、王永興、劉俊文、徐庭雲、謝方點校：《通典》，卷

提出對古代社會之教化、經濟、政治結構相輔相成之觀點。認為施政者應注重教化之功效,而教化則應以食貨為基礎;誠如管子所謂:「倉廩實而知禮節,衣食足而知榮辱。」在此基礎上,制定出國家良好之選舉辦法與職官制度、禮樂制度、戰守之術、刑罰制度。而州郡政權之建置與邊防抵禦外侮之設立,攸關國家之興衰存亡。可見整部《通典》之內容息息相關,足證杜佑不僅是從事典制史之編纂,且企望將一己之政治願景,藉著二百卷之《通典》表達出來,影響人心,裨益世局。

(二) 《通典》之撰述,突破禮書與書志之格局,而具有創新之特點

《通典》之撰述,遠承古代禮書,近承正史書志。但在編纂上,卻突破禮書與書志之格局,而具有創新之特點。李翰〈通典序〉云:

> 採五經群史,上自黃帝,至於我唐天寶之末,每事以類相從,舉其始終,歷代沿革廢置及當時群士論議得失,靡不條載,附之於事。
>
> 如人支脈,散綴於體:凡有八門,勒成二百卷,號曰《通典》。

〔註34〕

《通典》在編纂上之特點,茲歸納三點說明如下:

第一、主會通

《通典》主要取材於歷代正史書志,但有別於正史書志之處,是《史記》以下歷代正史書志,只記一代或數代典制,屬於典章制度的斷代史;《通典》則將歷代正史書志的有關內容融會貫通,撰成一書,成為獨立之典章制度通史。《通典》在「以典故為紀綱」、「統前史之書志」和「會通古今」等方面取得了重大成就。值得注意是,杜佑在「會通古今」這一點上,「古」則窮其淵源,「今」則論及現實,目的是「觀其沿革」。

第二、立分門

《通典》分門與「正史」書志立目相比較,可以看出有兩個顯著變化。其一,《通典》不列律曆、天文、五行、祥瑞、輿服等內容;其二,《通典》增加選舉、兵、邊防等門類。此兩項變化,表明《通典》之作者更注重與社會經濟、政治、軍事有直接關係之典章制度,以貫徹其「徵諸人事,將施有

42,頁1。
〔註34〕同上注,頁2。

政」之撰述宗旨。

第三、重論議

所謂「論議」，即《通典》所記歷代「群士論議得失」，具體而言，即是「漢魏六朝人文集、奏疏之有裨得失者」以及當朝人之諸多言論，及作者對史事所做之評論。此爲《通典》結合記事與記言之優點。章學誠於《文史通義・書教中》云：

> 杜氏《通典》爲二百卷，而〈禮典〉乃八門（按：一說九門）之一，已佔百卷。蓋其書本官禮之遺，宜其於禮事加詳也。然敍典章制度，不異諸史之文，而禮文疑似，或事變參差，博士經生，折中詳議。或取裁而徑行，或中格而未用，入於正文，則繁複難勝，削而去之，則事理未備。杜氏並爲採輯其文，附著〈禮門〉之後，凡二十餘卷，可謂窮天地之際，而通古今之變者矣。史邊之書，蓋於〈秦紀〉之後，存錄秦史原文，惜其義例未廣，後人亦不復踵行。斯並記言記事之窮，別有變通之法，後之君子，所宜參取者也。〔註35〕

以《通典》書中之〈禮典〉爲例，〈禮典〉中之論議篇幅集中，分量最大，共有百卷，佔《通典》全書半數，舉此一門，可窺全書。杜佑對〈禮典〉編纂上之處理，是一種記言記事兼容並蓄之「變通法」，以期達到「窮天地之際而通古今之變」之效益。

（三）《通典》在思想價值與史料價值上具有特殊之地位

由於《通典》在撰述宗旨、編纂體裁上之特點，提昇其在思想價值與史料價值上之地位，因而在中國史學上產生重大之影響。茲歸納二點說明如下：

第一、奠定典制體史書之基楚，開拓歷史研究之新領域

《通典》問世以前，中國古代史學主要以編年、紀傳兩種體裁爲主，前者以年代爲敍事爲脈絡，後者以敍說人物爲主軸。《通典》敍事，起自傳說中之三皇五帝，止於唐德宗建中元年，對各種典章制度、經濟現象與周邊民族，溯源明流，貫通古今。「其書大傳於時，禮樂刑政之源，千載如指諸掌，大爲士君子所稱。」〔註36〕《通典》開創以典章制度爲主題之編纂新體例，創造歷史研究與史學撰述之新形式，成爲後人學習之典範。

〔註35〕〔清〕章學誠：《文史通義》內篇，頁11。
〔註36〕〔後晉〕劉昫等撰：〈杜佑傳〉，《舊唐書》，卷147，頁3983。

第二、在繼承、發展「通史家風」上之重要貢獻

我國史書自《史記》以下，通史之作甚少，至《通典》問世，通史逐漸受到重視。章學誠於《文史通義・釋通》云：

> 總古今之學述，而紀傳一規乎史遷，鄭樵《通志》作焉；統前史之
> 書志，而撰述取法乎《官禮》，杜佑《通典》作焉；合紀傳之互文，
> 而編次總括乎荀、袁，司馬光《資治通鑑》作焉；匯公私之述作，
> 而銓錄略仿乎孔、蕭，裴潾《大和通選》作焉。此四子者，或存正
> 史之規，或正編年之的，或以典故爲紀綱，或以詞章存文獻，史部
> 之通，於斯爲極盛也。〔註37〕

章學誠充分肯定《通典》「統前史之書志，而撰述取法乎官禮」及其在中國史學之「通史家風」之傳承地位。清人對《通典》亦給予很高之評價。《四庫全書總目》論《通典》云：

> 其博取五經群史，及漢魏六朝人文集、奏疏之有裨得失者，每事以
> 類相從。凡歷代沿革，悉爲記載，詳而不煩，簡而有要，元元本本，
> 皆爲有用之實學，非徒資記問者可比。考唐以前之掌故者，茲編其
> 淵海矣。〔註38〕

將《通典》之實用價值「皆爲有用之實學」與史料價值「考唐以前之掌故者，茲編其淵海矣」，闡述得更清楚。梁啓超亦云：「於是乎有統括史誌之必要。其卓然成一創作以應此要求者，則唐杜佑之《通典》也。」〔註39〕誠爲中肯之言。

第三、開啟中國古代經世致用史學之河

中國古代史書，能明確宣稱「將施有政」爲撰述宗旨，並爲當代及後代肯定此書有「經邦致用」之價值，實始自杜佑《通典》。李翰〈通典序〉云：

> 今《通典》之作，昭昭乎其警學者之羣迷歟！以爲君子致用，在乎
> 經邦，經邦在乎立事，立事在乎師古，師古在乎隨時。必參今古之
> 宜，窮始終之要，始可以度其古，終可以行於今，問而辨之，端如
> 貫珠，舉而行之，審如中鵠。〔註40〕

〔註37〕〔清〕章學誠：《文史通義》內篇，頁129。
〔註38〕〔清〕永瑢、紀昀等：《四庫全書總目提要》，卷80，頁678。
〔註39〕梁啓超：《中國歷史研究法》（上海：上海古籍出版社，1987年），頁21。
〔註40〕〔唐〕杜佑撰、王文錦、王永興、劉俊文、徐庭雲、謝方點校：《通典》，頁1
　　　～2。

明確揭示「經邦致用」是杜佑編纂《通典》之宗旨。此種「經邦致用」之史學思想，對後代史書之撰述有深遠之影響。清代乾隆皇帝於〈御製重刻《通典》序〉云：

> 觀其分門起例，由食貨以訖邊防，先養而後教，先禮而後刑，設官以治民，安內以馭外，本末次第，具有條理，亦恢恢乎經國之良模矣。〔註41〕

可知杜佑《通典》於清代重刻，其「經邦致用」之思想，仍受到乾隆皇帝之肯定。

四、《禮書通故》與《通典》撰述比較

茲依據《禮書通故》與《通典》二書內容所述，將其成書時間、編輯體例、編輯篇卷、撰述宗旨、徵引之書等，以表格方式陳述，分析二書的異同，有助於了解《禮書通故》禮學延伸的方向。

表二：《禮書通故》與《通典》撰述比較表

書名 撰述	《通典》	《禮書通故》
成書時間	草創於唐代宗大曆元年（776）撰成於唐德宗貞元十七年（801）。	是書草創於庚申（1860），告藏於戊寅（1878）。
記事時限	上自唐虞三代，下迄唐玄宗天寶末年。	上起漢代，下迄於晚清。
編輯篇卷	分爲食貨、選舉、職官、禮、樂、兵、刑法、州郡、邊防等九門。 1. 食貨典：十二卷 　卷一至十二 2. 選舉典：六卷 　卷十三至十八 3. 職官典：二十二卷 　卷十九至四十 4. 禮典：一百卷 　卷四十一至一百四十 　其中歷代沿革有六十五卷， 　《開元禮》三十五卷 5. 樂典：七卷 　卷一百四十一至一百四十七 6. 兵典：十五卷 　卷一百四十八至一百六十二	禮書一、宮室二、衣服三、卜筮四、冠五、婚六、見子七、宗法八、喪服九、喪禮十、喪祭十一、郊十二、社十三、群祀十四、明堂十五、宗廟十六、肆獻祼饋食十七、時享十八、改正告朔十九、耤田躬桑二十、相見廿一、食廿二、飲廿三、燕饗廿四、射廿五、投壺廿六、朝廿七、聘廿八、覲廿九、會盟三十、即位改元號諡卅一、學校卅二、選舉卅三、職官卅四、井田卅五、田賦卅六、職役卅七、錢幣市糴卅八、封國卅九、軍四十、田獵四一、御四二、六書四三、樂律四四、刑法四五、車制四六、名物四七、禮節圖表四八、名物圖四九、敘目五十。

〔註41〕同上注，頁 5513。

	7. 刑典：八卷 卷一百六十三至一百七十 8. 州郡典：十四卷 卷一百七十一至一百八十四 9. 邊防典：十六卷 卷一百八十五至二百。	
全書分量	全書達五十七萬餘字，共二百卷。	全書近一百餘萬字，共一百零二卷。
徵引之書	《尚書》、《周禮》、《周易》、《毛詩》、《三傳》、《禮記》、《孝經》。	《周禮》、《儀禮》、《禮記》三書、經注史說、諸子雜家等文獻。
編撰門目	《四庫全書總目・史部・政書類》。	《續修四庫全書・經部・禮類》。
撰述宗旨	將施有政，用乂邦家。	囊括三禮，博綜制度。

由上列表格所述，將《通典》與《禮書通故》之同異，略述如下：

相同之處：

1. 《通典》與《禮書通故》二書，從草創至成書均歷時良久，《通典》25年，《禮書通故》19年，足證作者之用心。

2. 二書記事之時限均貫通古今。

3. 二書編纂之體裁是取法《周禮》「吉、凶、嘉、賓、軍」等五禮之順序。

相異之處：

1. 《通典》記事時限，上自唐、虞二代，下迄唐玄宗天寶末年；《禮書通故》記事時限，上起漢代，下迄於晚清。

2. 《通典》編輯體例，分為食貨、選舉、職官、禮、樂、兵、刑法、州郡、邊防等九門；《禮書通故》編輯體例，自〈禮書通故〉至〈名物通故〉，分四十七門，又有〈禮節圖〉、〈名物圖〉及〈敘目〉，凡五十目。

3. 在編撰門目上，《通典》列入《四庫全書總目・史部・政書類》；《禮書通故》列入《續修四庫全書・經部・禮類》。

4. 《通典》撰述宗旨為「將施有政，用乂邦家」；《禮書通故》撰述宗旨為「囊括三禮，博綜制度」。

5. 《通典》徵引之書，包括：《尚書》、《周禮》、《周易》、《毛詩》、《三傳》、《禮記》、《孝經》等文獻；《禮書通故》徵引之書，包括：《周禮》、《儀禮》、《禮記》三書、經注史說、諸子雜家等文獻。

五、《禮書通故》與《通典・禮典》篇卷名稱比較

在通論古代禮義與禮制上，《禮書通故》與《通典・禮典》均能以《周禮・春官・大宗伯》所述「五禮」相配合。茲以表格簡述如下：

表三：《禮書通故》與《通典・禮典》篇卷名稱比較表

五禮＼書名	《通典》	《禮書通故》	附　注
	卷四十一　禮一　沿革一 歷代沿革禮、大唐開元禮	〈禮書通故〉 一卷	二書所述皆屬通禮部分
吉禮一	卷四十二　禮二　沿革二 〈郊天上〉	〈宗廟禮通故〉 二卷	《通典》詮釋禮制；《禮書通故》闡述古禮古義
吉禮二	卷四十三　禮三　沿革三 〈郊天下〉、〈大雩〉	〈宗法通故〉 一卷	《通典》詮釋禮制；《禮書通故》闡述古禮古義
吉禮三	卷四十四　禮四　沿革四 〈大享明堂明堂制度附〉、〈朝日夕月〉、〈禋六宗〉、〈大蜡〉、〈靈星〉、〈風師雨師及諸星等祠〉	〈明堂禮通故〉 一卷	《通典》詮釋明堂禮制；《禮書通故》闡述古禮古義
吉禮四	卷四十五　禮五　沿革五 〈方丘神州后土附〉、〈社稷〉	〈群祀禮通故〉 二卷	《通典》詮釋禮制；《禮書通故》闡述古禮古義
吉禮五	卷四十六　禮六　沿革六 〈山川〉、〈籍田〉、〈先蠶〉	〈群祀禮通故〉 二卷	《通典》詮釋禮制；《禮書通故》闡述古禮古義
吉禮六	卷四十七　禮七　沿革七 〈天子宗廟〉、〈后妃廟〉、〈皇太子及皇子宗廟〉	〈宗廟禮通故〉 二卷	《通典》詮釋天子、后妃、皇太子及皇子宗廟禮制
吉禮七	卷四十八　禮八　沿革八 〈諸侯大夫士宗廟庶人祭寢附〉、〈天子皇后及諸侯神主〉、〈卿大夫士神主及題板〉、〈諸藏神主及題板制追加易主附〉、〈兄弟相繼藏主室〉、〈移廟主〉、〈師行奉主車〉、〈立尸義〉	〈宗廟禮通故〉 二卷	《通典》詮釋諸侯大夫士宗廟禮制；《禮書通故》闡述古禮古義
吉禮八	卷四十九　禮九　沿革九 〈時享薦新附〉、〈祫禘上〉	〈宗廟禮通故〉 二卷	《通典》詮釋禮制；《禮書通故》闡述古禮古義
吉禮九	卷五十　禮十　沿革十 〈祫禘下〉、〈功臣配享〉	〈宗廟禮通故〉 二卷	《通典》詮釋禮制；《禮書通故》闡述古禮古義
吉禮十	卷五十一　禮十一　沿革十一 〈天子七祀諸侯附〉、〈宗室助祭議〉、〈庶子攝祭〉、〈庶子在他國不立廟議〉、〈兄	〈宗廟禮通故〉 二卷	《通典》記載天子七祀與諸侯七祀等事宜；《禮書通故》闡述古禮古義

	弟不合繼位昭穆議〉、〈兄弟俱封各得立禰廟議〉、〈遭難未葬入廟議〉、〈亡失其親立廟議〉		
吉禮十一	卷五十二　禮十二　沿革十二〈喪廢祭議〉、〈旁親喪不廢祭議〉、〈總不祭議〉、〈奪宗議〉、〈殤及無後廟祭議〉、〈祭殤〉、〈未立廟祭議〉、〈公除祭議〉、〈上陵拜掃及諸節上食附〉	〈宗法通故〉一卷	《通典》詮釋宗法禮制；《禮書通故》闡述宗法禮義
吉禮十二	卷五十三　禮十三　沿革十三〈大學小學庠序附〉、〈諸侯立學〉、〈釋奠〉、〈祀先代帝王名臣附〉、〈老君祠先賢附〉、〈孔子祠先儒及弟子附〉、〈太公廟〉	〈學校禮通故〉二卷	《通典》詮釋大學小學庠序及諸侯立學等事宜；《禮書通故》闡述歷代學校禮義、禮制
吉禮十三	卷五十四　禮十四　沿革十四〈巡狩〉、〈封禪〉	〈郊禮通故〉二卷	《通典》詮釋郊禮禮制；《禮書通故》闡述郊禮禮義
吉禮十四	卷五十五　禮十五　沿革十五〈告禮〉、〈歷代所尙〉、〈享司寒藏冰開冰附〉、〈禜〉、〈禳祈〉、〈高禖〉、〈祓禊〉、〈諸雜祠淫祀興廢〉	〈宗法通故〉一卷	《通典》詮釋宗法禮制；《禮書通故》闡述宗法禮義
嘉禮一	卷五十六　禮十六　沿革十六〈天子加元服〉、〈皇太子冠皇子皇孫附〉、〈諸侯大夫士冠〉、〈大功小功末冠議〉、〈女笄〉	〈冠禮通故〉一卷	《通典》詮釋宗天子加元服、皇太子冠之制；《禮書通故》闡述冠禮禮義
嘉禮二	卷五十七　禮十七　沿革十七君臣冠冕巾幘等制度〈冕〉、〈緇布冠〉、〈牟追冠〉、〈通天冠〉、〈長冠〉、〈遠遊冠〉、〈高山冠〉、〈法冠〉等	〈冠禮通故〉一卷	《通典》詮釋君臣冠冕巾幘等制度；《禮書通故》闡述冠禮禮義
嘉禮三	卷五十八　禮十八　沿革十八〈天子納后冊后附〉、〈天子冊妃嬪夫人〉、〈皇太子納妃皇子諸王附〉、〈公侯大夫士婚禮〉	〈宗法通故〉一卷	《通典》詮釋天子納后、天子冊妃嬪夫人等制度；《禮書通故》闡述宗法禮義
嘉禮四	卷五十九　禮十九　沿革十九〈宗子父歿母命婚父母俱歿自命婚及支子稱宗弟稱宗兄等婚議〉、〈舅姑俱歿婦廟見〉、〈公主出降拜舅姑附〉、〈不親迎婿見外舅姑反馬送女附〉、〈婚禮不賀議上禮附〉、〈婚不舉樂議〉、〈男女婚嫁年幾議〉、〈嫁娶時月議〉、〈已拜時而後各有周喪迎婦遣女議〉、〈已拜時婿遭小功喪或婦遭〉、〈大功喪可迎議〉、〈拜時婦三日婦輕重議〉	〈昏禮通故〉一卷	《通典》詮釋宗子父歿母命婚父母俱歿自命婚及支子稱宗弟稱宗兄等婚議制度；《禮書通故》闡述昏禮禮義及禮制

嘉禮五	卷六十　禮二十　沿革二十 〈周喪不可嫁女娶婦議斬縗公除附〉、〈周服降在小功可嫁女娶妻議〉、〈大功末可爲子娶婦議〉、〈祖無服父有服可娶婦嫁女議〉、〈降服大功末可嫁姊妹及女議〉、〈降服喪已除猶在本服月內〉、〈可嫁議〉、〈同姓婚議〉、〈內表不可婚議〉、〈外屬無服尊卑不通婚議〉	〈昏禮通故〉一卷	《通典》詮釋嫁女娶婦制度；《禮書通故》闡述昏禮禮義及禮制
嘉禮六	卷六十一　禮二十一　沿革二十一 〈君臣服章制度袍附〉	〈衣服通故〉四卷	《通典》詮釋禮制；《禮書通故》闡述古禮古義
嘉禮七	卷六十二　禮二十二　沿革二十二 〈后妃命婦首飾制度〉、〈后妃命婦服章制度〉	〈衣服通故〉四卷	《通典》詮釋后妃命婦首飾制度；《禮書通故》闡述古禮古義
嘉禮八	卷六十三　禮二十三　沿革二十三 〈天子諸侯玉佩劍綬璽印〉	〈衣服通故〉四卷	《通典》詮釋天子諸侯玉佩劍綬璽印制度；《禮書通故》闡述古禮古義
嘉禮九	卷六十四　禮二十四　沿革二十四 〈天子車輅〉、〈五輅〉、〈副車五牛旗輦附〉、〈戎車〉、〈獵車蹋獸車闒戟車附〉、〈指南車〉、〈記里鼓車〉、〈白鷺車、〈鸞旗車〉、〈辟惡車〉等	〈車制通故〉二卷	《通典》詮釋天子車輅禮制；《禮書通故》闡述古禮古義
嘉禮十	卷六十五　禮二十五　沿革二十五 〈皇太后皇后車輅〉、〈皇太子皇子車輅〉、〈公侯大夫等車輅〉、〈主妃命婦等車輅〉	〈車制通故〉二卷	《通典》詮釋皇太后皇后車輅禮制；《禮書通故》闡述古禮古義
嘉禮十一	卷六十六　禮二十六　沿革二十六 〈輦輿〉、〈旌旗〉、〈鹵簿屬車附〉	〈車制通故〉二卷	《通典》詮釋車制禮制；《禮書通故》闡述古禮古義
嘉禮十二	卷六十七　禮二十七　沿革二十七 〈天子敬父〉、〈皇后敬父母〉、〈養老〉、〈天子拜敬保傅太子及諸王見師禮附〉、〈諸王公主敬姑叔〉、〈群臣致敬太后父〉、〈群臣侍坐太子後來并公卿致敬太子東宮臣上牋疏見公卿儀百官上表不稱其名附〉	〈宗法通故〉一卷	《通典》詮釋宗法禮制；《禮書通故》闡述古禮古義
嘉禮十三	卷六十八　禮二十八　沿革二十八 〈天子諸侯大夫士養子儀君〉、〈薨後嗣子生附〉、〈天子諸侯大夫士之子事親〉、〈儀婦事舅姑附〉、〈事先生長者雜儀〉、〈居官歸養父母〉、〈僑居人桑梓敬〉、〈夫人不答妾拜〉、〈僧尼不受父母拜及立位〉、〈被召未謁稱故吏議〉、〈二嫡妻議〉、〈甥姪名不可施伯叔從母議〉、〈二	〈宗法通故〉一卷	《通典》詮釋宗法禮制；《禮書通故》闡述古禮古義

	人各是內外兄弟相稱議〉、〈從舅是族外弟相稱議〉		
嘉禮十四	卷六十九 禮二十九 沿革二十九〈養兄弟子爲後後自生子議〉、〈異姓爲後議〉	〈宗法通故〉一卷	《通典》詮釋宗法禮制;《禮書通故》闡述古禮古義
嘉禮十五	卷七十 禮三十 沿革三十〈讀時令〉、〈元正冬至受朝賀朔望朝參及常朝日附〉、〈策拜皇太子皇太子稱臣附〉	〈改正頒朔禮通故〉一卷	《通典》詮釋禮制;《禮書通故》闡述古禮古義
嘉禮十六	卷七十一 禮三十一 沿革三十一〈皇太子監國及會宮臣議〉、〈皇太子監國有司儀注〉、〈春夏封諸侯議〉、〈錫命〉、〈諸王公城國宮室服章車旗議〉、〈策拜諸王侯拜三公奏樂服冕議附〉、〈諸王公侯留輔朝政嫡子監國議〉	〈宗法通故〉一卷	《通典》詮釋宗法禮制;《禮書通故》闡述古禮古義
嘉禮十七	卷七十二 禮三十二 沿革三十二〈天子追尊祖考妣上尊號同〉、〈天子崇所生母追崇同〉、〈諸侯崇所生母議〉、〈支庶立爲天子追尊本親議〉、〈追錫命議〉、〈王侯在喪襲爵議奪情附〉	〈宗法通故〉一卷	《通典》詮釋宗法禮制;《禮書通故》闡述古禮古義
嘉禮十八	卷七十三 禮三十三 沿革三十三〈五宗〉、〈公子二宗〉、〈繼宗子宗子孤爲殤〉、〈事宗禮〉、〈敦疏遠外親〉、〈鄉飲酒〉	〈飲禮通故〉一卷	《通典》詮釋禮制;《禮書通故》闡述古禮古義
賓禮一	卷七十四 禮三十四 沿革三十四〈天子受諸侯藩國朝宗覲遇時會殷同附〉、〈天子受諸侯遣使來聘〉、〈天子遣使迎勞諸侯〉、〈三恪二王後〉	〈朝禮通故〉一卷	《通典》詮釋禮制;《禮書通故》闡述古禮古義
賓禮二	卷七十五 禮三十五 沿革三十五〈天子朝位諸侯附〉、〈天子上公及諸侯卿大夫士等贄工商婦人等贄附〉、〈信節〉	〈朝禮通故〉一卷	《通典》詮釋禮制;《禮書通故》闡述古禮古義
軍禮一	卷七十六 禮三十六 沿革三十六〈天子諸侯將出征類宜造禡〉、〈并祭所過山川〉、〈軷祭〉、〈天子諸侯四時田獵〉、〈出師儀制揚兵講武附〉、〈命將出征〉、〈宣露布〉	〈射禮通故〉五卷	《通典》詮釋禮制;《禮書通故》闡述古禮古義
軍禮二	卷七十七 禮三十七 沿革三十七〈天子諸侯大射鄉射三月三日九月九日射附〉	〈射禮通故〉五卷	《通典》詮釋禮制;《禮書通故》闡述古禮古義
軍禮三	卷七十八 禮三十八 沿革三十八〈天子合朔伐鼓諸侯附〉、〈冬夏至寢鼓兵〉、〈馬政馬祭附〉、〈時儺〉	〈軍禮通故〉二卷	《通典》詮釋禮制;《禮書通故》闡述古禮古義

凶禮一	卷七十九　禮三十九　沿革三十九〈大喪初崩及山陵制并爲周以下親哭及不視事附〉	〈喪禮通故〉五卷	《通典》詮釋禮制;《禮書通故》闡述古禮古義
凶禮二	卷八十　禮四十　沿革四十〈總論喪期〉、〈奔大喪奔山陵附〉、〈未踰年天子崩諸侯薨議〉、〈天子爲繼兄弟統制服議〉、〈天子不降服及降服議〉、〈天子爲皇后父母服議皇后爲父服附〉	〈喪服通故〉五卷〈喪服通故〉五卷	《通典》詮釋喪喪禮制;《禮書通故》闡述古禮古義
凶禮三	卷八十一　禮四十一　沿革四十一〈天子爲庶祖母持重服議〉、〈天子立庶子爲太子薨服議〉、〈天子爲母黨服議〉、〈天子弔大臣服議〉、〈天子爲大臣及諸親舉哀議〉、〈國有大喪使者章服及不爵命議〉、〈天子諸侯之庶昆弟及妾子爲母服議〉、〈公主服所生議〉、〈諸王子所生母嫁爲慈母服議〉、〈諸侯及公卿大夫爲天子服議〉、〈諸侯之大夫爲天子服議〉、〈皇太后長公主及三夫人以下爲天子服杖議〉、〈諸王女孫女爲天子服議〉、〈宗室童子爲天子服制議〉、〈童子喪服議〉、〈皇后降服及不降服議〉、〈皇后爲親屬舉哀議〉、〈爲皇后大祥忌日臨哭議〉、〈皇后親爲皇后服議〉、〈諸侯及公卿妻爲皇后服議〉、〈蕃國臣爲皇后服議天子將吏皇后附〉、	〈喪服通故〉五卷〈喪服通故〉五卷	《通典》詮釋喪服禮制;《禮書通故》闡述古禮古義
凶禮四	卷八十二　禮四十二　沿革四十二〈皇太子降服議〉、〈皇太子爲太后不終三年服議〉、〈皇太子爲所生母服議皇子附〉、〈諸王傳重爲所生母服議〉、〈諸王出後降本父母及所生〉、〈母服議〉、〈皇太子服議〉、〈爲太子妃服議諸王妃附〉、〈爲太子太孫殤服議〉、〈爲諸王殤服議〉、〈王侯世子殤服議〉、〈繼殤後服議〉	〈喪服通故〉五卷〈喪祭通故〉三卷	《通典》詮釋喪服禮制;《禮書通故》闡述古禮古義
凶禮五	卷八十三　禮四十三　沿革四十三喪制之一〈初喪終稱附〉、〈復始卒事位及奠訃告等附〉、〈天子諸侯大夫士弔哭議君遣使弔他國君附〉、〈三不弔議〉	〈喪服通故〉五卷〈喪禮通故〉五卷	《通典》詮釋喪禮禮制;《禮書通故》闡述古禮古義
凶禮六	卷八十四　禮四十四　沿革四十四喪制之二〈沐浴〉、〈含〉、〈襲〉、〈設冰〉、〈設銘〉、〈懸重〉、〈始死服變〉、〈始死襚大斂襚附〉、〈小斂〉	〈喪服通故〉五卷〈喪禮通故〉五卷	《通典》詮釋喪禮禮制;《禮書通故》闡述古禮古義

凶禮七	卷八十五　禮四十五　沿革四十五 喪制之三 〈既小斂斂髮服變〉、〈小斂奠代哭附〉、〈棺槨制〉、〈大斂〉〈國君視大夫士喪之大斂〉、〈大斂奠〉、〈殯設熬附〉、〈將葬筮宅卜日附〉、〈啟殯朝廟〉	〈喪服通故〉五卷 〈喪禮通故〉五卷	《通典》詮釋喪禮禮制；《禮書通故》闡述古禮古義
凶禮八	卷八十六　禮四十六　沿革四十六 喪制之四 〈薦車馬明器及飾棺〉、〈祖奠〉、〈賵賻〉、〈遣奠〉、〈器行序〉、〈挽歌〉、〈葬儀合葬附〉	〈喪服通故〉五卷 〈喪禮通故〉五卷	《通典》詮釋喪禮禮制；《禮書通故》闡述古禮古義
凶禮九	卷八十七　禮四十七　沿革四十七 喪制之五 〈虞祭〉、〈既虞餞尸及卒哭祭祔祭〉、〈小祥變〉、〈大祥變〉、〈禫變〉、〈五服成服及變除〉、〈五服繐裳制度〉、〈斬繐喪既葬絰繐議〉	〈喪服通故〉五卷 〈喪禮通故〉五卷	《通典》詮釋喪禮禮制；《禮書通故》闡述古禮古義
凶禮十	卷八十八　禮四十八　沿革四十八 五服年月降殺之一 〈斬繐三年〉、〈孫爲祖持重議〉、〈孫爲庶祖持重議〉、〈嫡孫亡無後次孫爲祖持重議〉、〈嫡孫持重在喪而亡次孫代之議〉	〈喪服通故〉五卷 〈喪禮通故〉五卷	《通典》詮釋喪禮禮制；《禮書通故》闡述古禮古義
凶禮十一	卷八十九　禮四十九　沿革四十九 五服年月降殺之二 〈齊繐三年〉、〈後妻子爲前母服議前母卒仕異國〉、〈前妻被掠沒賊後得還後妻之子爲服議〉、〈爲高曾祖母及祖母持重服議〉、〈齊繐杖周〉、〈父卒母嫁復還及庶子爲嫡〉、〈母繼母改嫁服議〉、〈父在爲出母服議〉、〈父卒爲嫁母服〉	〈喪服通故〉五卷 〈喪禮通故〉五卷	《通典》詮釋喪禮禮制；《禮書通故》闡述古禮古義
凶禮十二	卷九十　禮五十　沿革五十 五服年月降殺之三 〈齊繐不杖周〉、〈齊繐三月〉	〈喪服通故〉五卷 〈喪禮通故〉五卷	《通典》詮釋喪禮禮制；《禮書通故》闡述古禮古義
凶禮十三	卷九十一　禮五十一　沿革五十一 五服年月降殺之四 〈大功殤服九月七月不爲殤議附〉、〈大功成人九月〉、〈爲眾子婦〉	〈喪服通故〉五卷 〈喪禮通故〉五卷	《通典》詮釋喪禮禮制；《禮書通故》闡述古禮古義
凶禮十四	卷九十二　禮五十二　沿革五十二 五服年月降殺之五 〈小功殤服五月〉、〈小功成人服五月嫂叔服〉、〈緦麻殤服三月〉、〈緦麻成人服三月〉、〈舅之妻及堂姨舅〉、〈兩妾相爲服〉	〈喪服通故〉五卷 〈喪禮通故〉五卷	《通典》詮釋喪禮禮制；《禮書通故》闡述古禮古義

凶禮十五	卷九十三　禮五十三　沿革五十三〈王侯兄弟繼統服議〉、〈未踰年大喪不立廟議〉、〈未踰年君稱議〉、〈三公諸侯大夫降服議〉、〈諸侯大夫子降服議〉、〈諸侯夫人及大夫妻降服議〉、〈貴不降服議〉、〈諸侯爲所生母服議〉、〈公子爲其母服議爲妻附〉	〈喪服通故〉五卷〈喪禮通故〉五卷	《通典》詮釋喪禮禮制；《禮書通故》闡述古禮古義
凶禮十六	卷九十四　禮五十四　沿革五十四〈奔喪及除喪而後歸制〉、〈士爲所生母服議兩妾子相爲附〉、〈庶子父在爲出嫡母服議〉、〈爲父後出母更還依己爲服議〉、〈爲人後爲出母及出祖母服議〉、〈爲父後爲嫁母及繼母嫁服議〉、〈爲出繼母不服議〉、〈繼母亡前家子取喪柩去服議〉、〈出母父遺命令還繼母子服議〉、〈父卒繼母還前親子家繼子爲服議〉、〈父卒繼母還前繼子家後繼〉、〈子爲服議〉、〈大夫士爲慈母服議〉	〈喪服通故〉五卷〈喪禮通故〉五卷	《通典》詮釋喪禮禮制；《禮書通故》闡述古禮古義
凶禮十七	卷九十五　禮五十五　沿革五十五〈前母黨爲親及服議〉、〈親母無黨服繼母黨議〉、〈母出有繼母非一當服次其母者議〉、〈從母被出爲從母兄弟服議〉、〈繼君母黨服議〉、〈娶同堂姊之女爲妻姊亡服議〉、〈妻已亡爲妻父母服議〉、〈從母適族父服議〉、〈爲內外妹爲兄弟妻服議〉、〈族父是姨弟爲服議〉、〈妾爲先女君黨服議〉、〈庶子爲人後其妻爲本舅姑服議〉	〈喪服通故〉五卷〈喪禮通故〉五卷	《通典》詮釋喪禮禮制；《禮書通故》闡述古禮古義
凶禮十八	卷九十六　禮五十六　沿革五十六〈總論爲人後議〉、〈夫爲祖曾祖高祖父母持重〉、〈妻從服議〉、〈出後者卻還爲本父服及追服所後父議〉、〈出後者爲本父母服議〉、〈出後子爲本親服議〉、〈出後子爲本庶祖母服議〉、〈父爲高祖持重子當何服議〉、〈爲庶子後爲庶祖母服議〉、〈所後之母見出服議〉、〈爲族曾祖後服議〉	〈喪服通故〉五卷〈喪禮通故〉五卷	《通典》詮釋喪禮禮制；《禮書通故》闡述古禮古義
凶禮十九	卷九十七　禮五十七　沿革五十七〈並有父母之喪及練日居廬堊室議〉、〈父未殯而祖亡服議〉、〈父喪內祖亡作二主立二廬〉、〈居重喪遭輕喪易服議變除〉、〈長殤中殤變三年之葛議〉、〈居親喪既殯遭兄弟喪及聞外喪議〉、〈居親喪除旁親服議〉、〈婦人有夫喪而母亡服議〉、〈居所後父喪有本親喪服議〉、〈有	〈喪服通故〉五卷〈喪禮通故〉五卷	《通典》詮釋喪禮禮制；《禮書通故》闡述古禮古義

	祖喪而父亡服議〉、〈祖先亡父後卒而祖母亡服議〉、〈爲祖母持重既葬而母亡服〉、〈既練爲人後服所後父服議〉、〈兼親服議〉		
凶禮二十	卷九十八　禮五十八　沿革五十八〈生不及祖父母不稅服議〉、〈小功不稅服議〉、〈庶祖母慈祖母服議〉、〈君父乖離不知死亡服議〉、〈父母乖離知死亡及不知死〉、〈亡服議〉	〈喪服通故〉五卷〈喪禮通故〉五卷	《通典》詮釋喪禮禮制；《禮書通故》闡述古禮古義
凶禮二十一	卷九十九　禮五十九　沿革五十九〈爲姑姊妹女子子無主後者服議〉、〈叔母寡姑遣還未嫁而亡爲服議〉、〈寡叔母守志兄迎還密受聘〉、〈未知而亡服議〉、〈已拜時而夫死服議夫父母喪附〉、〈郡縣守令遷臨未至而亡新舊吏爲服議〉、〈吏受今君使聞舊君薨服議〉、〈與舊君不通服議〉、〈秀孝爲舉將服議〉、〈郡縣吏爲守令服議〉	〈喪服通故〉五卷〈喪禮通故〉五卷	《通典》詮釋喪禮禮制；《禮書通故》闡述古禮古義
凶禮二十二	卷一百　禮六十　沿革六十〈喪遇閏月議〉、〈忌日議子卯日附〉、〈納后值忌月議〉	〈喪祭通故〉三卷	《通典》詮釋喪祭禮制；《禮書通故》闡述古禮古義
凶禮二十三	卷一百一　禮六十一　沿革六十一〈爲廢疾子服議〉、〈罪惡絕服議〉、〈師弟子相爲服議〉、〈朋友相爲服議〉、〈除心喪議〉、〈周喪察舉議〉	〈喪祭通故〉三卷	《通典》詮釋喪祭禮制；《禮書通故》闡述古禮古義
凶禮二十四	卷一百二　禮六十二　沿革六十二〈改葬服議〉、〈嫡孫有父喪未練改葬祖服議〉、〈有小功喪及兄喪在殯改葬〉、〈父母服議〉、〈改葬父母出適女服議〉、〈改葬前母及出母服議〉、〈母非罪被出父亡後改葬議〉、〈改葬反虞議〉、〈父母墓毀服議曾祖從祖墓毀附〉	〈喪祭通故〉三卷	《通典》詮釋喪祭禮制；《禮書通故》闡述古禮古義
凶禮二十五	卷一百三　禮六十三　沿革六十三〈假葬牆壁間三年除服議〉、〈三年而後葬變除議〉、〈久喪不葬服議〉、〈父母死亡失屍柩服議〉、〈婦喪久不葬服議〉、〈禁遷葬議〉、〈招魂葬議〉、〈疑墓議修墓附〉	〈喪祭通故〉三卷	《通典》詮釋喪祭禮制；《禮書通故》闡述古禮古義
凶禮二十六	卷一百四　禮六十四　沿革六十四〈帝王謚號議〉、〈皇后謚及夫人謚議國妃命婦附〉、〈太子無謚議國君嗣子附〉、〈諸侯卿大夫謚議〉、〈君臣同謚議〉、〈單複謚議〉、〈卒哭後諱及七廟諱字議〉、〈上書犯帝諱及帝所生諱議〉、〈山川與廟諱	〈喪祭通故〉三卷	《通典》詮釋喪祭禮制；《禮書通故》闡述古禮古義

	同應改變議〉、〈已遷主諱議〉、〈上表稱太子名議〉、〈父諱與府主名同議〉、〈授官與本名同宜改及官位〉、〈犯祖諱議〉、〈內諱及不諱皇后名議〉		
凶禮二十七	卷一百五　禮六十五　沿革六十五〈喪禮雜制〉、〈禮廢〉	〈喪祭通故〉三卷	《通典》詮釋喪祭禮制;《禮書通故》闡述古禮古義
開元禮纂類一	卷一百六　禮六十六　開元禮纂類一序例上、五禮篇目卜日禮、筮日禮、神位用樂及籩豆等數附	〈卜筮通故〉一卷	《通典》詮釋開元禮五禮篇目卜日禮等禮制;《禮書通故》闡述卜筮之義
開元禮纂類二	卷一百七　禮六十七　開元禮纂類二序例中、大駕鹵簿、皇太后皇后鹵簿、皇太子鹵簿、皇太子妃鹵簿、親王鹵簿、群官鹵簿、內命婦四妃九嬪婕妤美人才人鹵簿太子良娣以下同、外命婦鹵簿	〈郊禮通故〉二卷	鹵簿在漢代已經出現,蔡邕《獨斷》中記述:「天子出,車駕次第,謂之鹵簿」鹵簿是我國封建社會帝王制度的重要的組成部分;《禮書通故》闡述古禮古義
開元禮纂類三	卷一百八　禮六十八　開元禮纂類三序例下、君臣冕服冠衣制度、皇后王妃內外命婦服及首飾制度、齋戒、祈禱、雜制	〈衣服通故〉四卷	《通典》詮釋開元禮君臣冕服冠衣制度、皇后王妃內外命婦服及首飾等禮制;《禮書通故》闡述古禮古義
吉禮一	卷一百九　禮六十九　開元禮纂類四皇帝冬至祀圓丘正月上辛祈穀孟夏雩祀及攝事並附	〈群祀禮通故〉二卷	《通典》詮釋皇帝冬至祀圓丘正月上辛祈福禮制;《禮書通故》闡述古禮古義
吉禮二	卷一百十　禮七十　開元禮纂類五皇帝季秋大享於明堂攝事附、陳設、省牲器、鑾駕出宮、奠玉帛、進熟等、皇帝立春祀青帝於東郊、立夏祀赤帝於南郊、季夏土王日祀黃帝於南郊、立秋祀白帝於西郊、立冬祀黑帝於北郊及攝事並附	〈明堂禮通故〉一卷	《通典》詮釋皇帝季秋大享於明堂禮制;《禮書通故》闡述古禮古義
吉禮三	卷一百十一　禮七十一　開元禮纂類六皇帝春分朝日於東郊秋分夕月於西郊及攝事附、立春後丑日祀風師、立夏後申日祀雨師、立秋後辰日祀靈星、立冬後亥日祀司中司命司人司祿	〈群祀禮通故〉二卷	《通典》詮釋皇帝祭祀禮制;《禮書通故》闡述古禮古義
吉禮四	卷一百十二　禮七十二　開元禮纂類七皇帝夏至祭方丘后土同孟冬祭神州及攝事並附	〈群祀禮通故〉二卷	《通典》詮釋皇帝祭祀禮制;《禮書通故》闡述古禮古義

吉禮五	卷一百十三　禮七十三　開元禮纂類八皇帝仲春仲秋上戊祭太社攝事附	〈群祀禮通故〉二卷	《通典》詮釋皇帝祭祀禮制；《禮書通故》闡古禮古義
吉禮六	卷一百十四　禮七十四　開元禮纂類九皇帝時享於太廟凡一歲五享謂四孟月及臘宗廟三年一祫以孟冬五年一禘以孟夏及諸享攝事並附	〈宗廟禮通故〉二卷	《通典》詮釋皇帝祭祀禮制；《禮書通故》闡古禮古義
吉禮七	卷一百十五　禮七十五　開元禮纂類十皇帝孟春吉亥享先農攝事附	〈耤田躬桑禮通故〉一卷	《通典》詮釋皇帝耤田躬桑禮制；《禮書通故》闡古禮古義
吉禮八	卷一百十六　禮七十六　開元禮纂類十一皇帝拜陵、皇后拜陵、太常卿行諸陵、薦新於太廟	〈宗廟禮通故〉二卷	《通典》詮釋皇帝祭祀禮制；《禮書通故》闡古禮古義
吉禮九	開元禮纂類十二皇帝皇太子視學、皇太子釋奠於孔宣父國學釋奠仲春仲秋釋奠於齊太公廟並附	〈學校禮通故〉二卷	《通典》詮釋學校禮禮制；《禮書通故》闡古禮古義
吉禮十	卷一百十八　禮七十八　開元禮纂類十三皇帝巡狩告圓丘告社廟及歸格禮並附	〈群祀禮通故〉二卷	《通典》詮釋皇帝祭祀禮制；《禮書通故》闡古禮古義
吉禮十一	卷一百十九　禮七十九　開元禮纂類十四皇帝封祀泰山禪社首山附	〈群祀禮通故〉二卷	《通典》詮釋皇帝祭祀禮制；《禮書通故》闡古禮古義
吉禮十二	卷一百二十　禮八十　開元禮纂類十五時旱祈太廟、時旱祈太社、時旱祈嶽鎮以下於北郊報祠同	〈郊禮通故〉二卷	《通典》詮釋禮制；《禮書通故》闡古禮古義
吉禮十三	卷一百二十一　禮八十一　開元禮纂類十六諸州祭社稷諸縣祭社稷附、諸州釋奠於孔宣父縣釋奠附、州學生束脩縣禮同、諸里祭社稷、諸太子廟時享	〈群祀禮通故〉	《通典》詮釋禮制；《禮書通故》闡古禮古義
嘉禮一	卷一百二十二　禮八十二　開元禮纂類十七皇帝加元服、卜日、告圓丘方丘附、告宗廟、臨軒行事、納采、問名、納吉、納徵、告期、告廟、冊后	〈即位改元禮通故〉二卷〈昏禮通故〉一卷	《通典》詮釋禮制；《禮書通故》闡古禮古義
嘉禮二	卷一百二十三　禮八十三　開元禮纂類十八皇帝皇后正至受皇太子朝賀、皇帝皇后正至受皇太子妃朝賀、皇帝正至受群臣朝賀會、皇后正至受外命婦朝賀會	〈即位改元禮通故〉二卷	《通典》詮釋禮制；《禮書通故》闡古禮古義

嘉禮三	卷一百二十四 禮八十四 開元禮纂類十九 皇帝於明堂讀五時令、陳設、鑾駕出宮、讀令、鑾駕還宮、立春後丑日祀風師、立夏後申日祀雨師、立秋後辰日祀靈星、立冬後亥日祀司中司命司人司祿	〈明堂禮通故〉一卷	《通典》詮釋禮制；《禮書通故》闡古禮古義
嘉禮四	卷一百二十五 禮八十五 開元禮纂類二十 臨軒冊命皇后、臨軒命使、皇后受冊、皇后受群臣賀、皇后表謝、朝皇太后、皇帝會群臣、群臣上禮	〈即位改元禮通故〉二卷	《通典》詮釋禮制；《禮書通故》闡古禮古義
嘉禮五	卷一百二十六 禮八十六 開元禮纂類二十一 皇太子加元服、告太廟、臨軒命賓贊、冠、會賓贊、朝謁、皇太子謁太廟、會群臣、群臣上禮、皇太子會宮臣、宮臣上禮	〈即位改元禮通故〉二卷	《通典》詮釋禮制；《禮書通故》闡古禮古義
嘉禮六	卷一百二十七 禮八十七 開元禮纂類二十二 皇太子納妃、臨軒命使、納采、問名、納吉、納徵、告期、告廟、冊妃、臨軒醮戒、親迎、同牢、妃朝見、會群臣	〈肆獻裸食禮通故〉七卷 〈昏禮通故〉一卷	《通典》詮釋禮制；《禮書通故》闡古禮古義
嘉禮七	卷一百二十八 禮八十八 開元禮纂類二十三 皇太子元正冬至受群臣賀并會、皇太子元正冬至受宮臣朝賀、受朝、會皇太子與師傅保相見、皇太子受朝集使參辭、親王冠百官庶人附	〈即位改元禮通故〉二卷	《通典》詮釋禮制；《禮書通故》闡古禮古義
嘉禮八	卷一百二十九 禮八十九 開元禮纂類二十四 親王納妃一品以下至庶人並附、納采、問名、納吉、納徵、請期、冊妃、親迎、同牢、妃朝見、婚會、婦人禮會、饗丈夫送者、饗婦人送者、公主出降、冊公主、公主受冊、饗婦人送者	〈肆獻裸食禮通故〉七卷 〈昏禮通故〉一卷	《通典》詮釋禮制；《禮書通故》闡古禮古義
嘉禮九	卷一百三十 禮九十 開元禮纂類二十五 朝集使於尚書省禮見并辭、任官初上諸州上佐附、京兆府河南牧初上諸州刺史都督附、萬年長安令初上河南洛陽縣令禮同諸縣令附、鄉飲酒正齒位附、宣赦書、群臣詣闕上表、群臣奉參起居、皇帝遣使詣蕃宣勞、皇帝遣使詣諸州宣撫、皇帝遣使詣諸州宣制勞會、皇	〈相見禮通故〉一卷	《通典》詮釋禮制；《禮書通故》闡古禮古義

	帝遣使詣諸州宣赦書鎮與州同、諸州上表		
賓　禮	卷一百三十一　禮九十一　開元禮纂類二十六 蕃主來朝以束帛迎勞、遣使戒蕃主見日、蕃主奉見奉辭禮同、受蕃國使表及幣、皇帝宴蕃國主、皇帝宴蕃國使	〈會盟禮通故〉一卷	《通典》詮釋禮制；《禮書通故》闡古禮古義
軍禮一	卷一百三十二　禮九十二　開元禮纂類二十七 皇帝親征類於上帝宜社附、纂嚴、齋戒、陳設、鑾駕出宮、薦玉帛、進熟、鑾駕還宮、皇帝親征告於太廟、皇帝親征禡於所征之地、皇帝親征及巡狩郊祭有司載於國門、皇帝親征及巡狩告所過山川、平蕩寇賊宣露布、遣使勞軍將、皇帝講武、皇帝田狩	〈軍禮通故〉二卷	《通典》詮釋禮制；《禮書通故》闡古禮古義
軍禮二	卷一百三十三　禮九十三　開元禮纂類二十八 皇帝射於射宮、皇帝觀射於射宮、制遣大將出征有司宜於太社、制遣大將出征有司告於太廟齊太公廟附、仲春祀馬祖、仲夏享先牧仲秋祭馬社、仲冬祭馬步附、合朔伐鼓諸州合朔伐鼓附、大儺諸州縣儺附	〈御禮通故〉一卷	《通典》詮釋禮制；《禮書通故》闡古禮古義
凶禮一	卷一百三十四　禮九十四　開元禮纂類二十九 賑撫諸州水旱蟲災賑撫蕃國水旱附、勞問諸王疾苦問外祖父后勞問諸王禮、五服制度、斬縗三年、齊縗三年、齊縗杖周、齊縗不杖周、齊縗五月、齊縗三月、大功殤長殤九月，中殤七月、成人九月、小功五月殤、成人、緦麻三月殤、成人、改葬緦、繐裳制度	〈喪禮通故〉五卷	《通典》詮釋禮制；《禮書通故》闡古禮古義
凶禮二	卷一百三十五　禮九十五　開元禮纂類三十 訃奏、皇帝為外祖父母舉哀、為皇后父母舉哀、為諸王妃主舉哀、為內命婦宗戚舉哀、為貴臣舉哀、為蕃國主舉哀、臨喪	〈喪禮通故〉五卷	《通典》詮釋禮制；《禮書通故》闡古禮古義
凶禮三	卷一百三十六　禮九十六　開元禮纂類三十一 中宮舉哀、太皇太后皇太后皇后為父母祖父母舉哀、成服、為父母祖父母、奔喪、后奔父母祖父母喪、臨喪、后臨外	〈喪禮通故〉五卷	《通典》詮釋禮制；《禮書通故》闡古禮古義

	祖父母喪、臨內命婦喪、除服、后除父母祖父母喪服、遣使弔、弔外祖父母喪、東宮舉哀、皇太子爲諸王妃主舉哀等		
凶禮四	卷一百三十七　禮九十七　開元禮纂類三十二 東宮妃聞喪、聞父母祖父母喪、奔喪、奔父母祖父母喪、臨喪、臨外祖父母喪、臨良娣以下喪、除喪、除父母祖父母喪除外祖父母喪附	〈喪禮通故〉五卷	《通典》詮釋禮制；《禮書通故》闡古禮古義
凶禮五	卷一百三十八　禮九十八　開元禮纂類三十三 三品以上喪上四品以下至庶人附、初終、復、設床、奠、沐浴、襲、含、赴闕、敕使弔、銘、重、陳小斂衣、奠、小斂、斂髮、奠、陳大斂衣、奠、大斂、奠、廬次、成服、朝夕哭奠、賓弔、親故哭等	〈喪祭通故〉三卷	《通典》詮釋禮制；《禮書通故》闡古禮古義
凶禮六	卷一百三十九　禮九十九　開元禮纂類三十四 三品以上喪中四品以下至庶人附、將葬陳車位、陳器用、進引、引輴、輴在庭位、祖奠、輴出升車、遣奠、遣車、器行序、諸孝從柩車序、郭門親賓歸、諸孝乘車、宿止、宿處哭位、行次奠、親賓致賵、墊次、到墓、陳明器、下柩哭序、入墓、墓中置器序、掩壙、祭后土、反哭、虞祭、卒哭祭、小祥祭、大祥祭、禫祭、祔廟	〈喪祭通故〉三卷	《通典》詮釋禮制；《禮書通故》闡古禮古義
凶禮七	卷一百四十　禮一百 開元禮纂類三十五　凶禮七 三品以上喪下四品以下至庶人附、改葬、王公以下居喪雜制、舉哀、奔喪、三殤、初喪聚主、食飲節、哭節、居常節、不及期葬、外喪、諱名、追服、喪冠嫁娶、樂禁、主諸喪、婚遇喪、室次節、居重問輕	〈喪祭通故〉三卷	《通典》詮釋禮制；《禮書通故》闡古禮古義

　　由上列表格所述，可知《通典・禮典》與《禮書通故》二書與五禮相關之篇目內容之差異，略述如下：

　　1. 《通典》是我國第一部記載典章制度之通史，例如《通典・禮典》卷五十三所述「大學小學庠序附」之禮制，歷史沿革之時限是「虞、夏、商、周、漢、後漢、魏、晉、東晉、宋、齊、後魏、隋、大唐」，是會

通十三個朝代之大學制度；內容略述：「有虞氏大學爲上庠，小學爲下庠。〔註 42〕夏后氏大學爲東序，小學爲西序。〔註 43〕殷制，大學爲右學，小學爲左學，又曰瞽宗。〔註 44〕周制，大學爲東膠，小學爲虞庠。」〔註 45〕，可見《通典》徵引資料繁博，羅列古今歷代典章制度之因革損益，簡而有要，保存遠古文獻資料，頗有貢獻。

2. 從《通典・禮典》來看，杜佑以唐禮爲本，刪繁要約，編成《開元禮纂類》，作爲行事之依據，再探究禮制之沿革損益，另外編纂，與唐禮相銜接，作爲行事之參考，旨意明確，相輔相成，不可斥爲繁複。杜佑耗費巨大之精力編纂禮典，正是施政所需。杜佑於〈禮序〉引孔子曰：『夫禮，先王以承天之道，以理人之情，失之者死，得之者生。故聖人以禮示之，天下國家可得而正也。』人知禮則教易。」〔註 46〕闡述禮教之重要，其編纂《通典》動機，亦由此可見。

3. 《禮書通故》著述之旨趣，並不在於資料之彙集編纂，而著眼於辨析是非。除圖表外，本書各卷均由若干條組成。每條之表述方式，均是倣戴聖《石渠奏義》與許愼《五經異義》之體例，即每一個問題，按順序選錄幾家有代表性之見解，然後作者加上案語，分析綜合，提出自己之論斷。〔註 47〕

4. 《禮書通故》其書篇目廣大，幾涵蓋所有經部、子部論禮之書，以禮書源流居首，先釋宮室以下諸篇，順序大體是「吉、凶、嘉、賓、軍」等五禮，另外旁及田制、學校、職官等多項，並附有禮節圖、名物圖及敘目共爲五十目。除了以《儀禮》十七篇之目爲準外，亦不以單純之五禮爲分類，有許多篇目是以上下源流的角度來衡量。

5. 《禮書通故》全書通論禮制禮義外，與《通典》迥異之處，是〈禮節

〔註42〕〔唐〕杜佑撰、王文錦、王永興、劉俊文、徐庭雲、謝方點校：〈禮十三　沿革十三　吉禮十二〉，《通典》：「魏文侯《孝經傳》曰：『大學，中學也。庠言養也，所以養雋德也。』」，卷53，頁1459。

〔註43〕同上注：「次序先王之道而學之」，卷53，頁1459。

〔註44〕同上注：「鄭玄云：『宗，尊也。瞽，無目之名，以喻童蒙。』」，卷53，頁1460。

〔註45〕同上注：「膠之言糾也，所以糾收學士也。鄭注《祭義》云：『周有四郊之虞庠也。』以小學爲虞庠之制。」，卷53，頁1460。

〔註46〕同上注，頁1119。

〔註47〕〔清〕黃以周撰、王文錦點校：《禮書通故》，頁2～3。

圖表〉二卷、〈宗法表〉一卷、〈井田表〉一卷、〈學校表〉一卷、〈六服朝見表〉一卷、〈禮節圖〉三卷、〈名物圖〉四卷等，旁徵博引古禮之類別形式，並附上圖表加以解析，讓學者能深入理解古代禮典、禮制之由來。例如〈喪服升數表〉以表格分列古代「喪服、降服、正服、義服」之用途與義涵〔註48〕。在〈名物圖〉中附有「喪服、喪冠、喪器」等圖表之介紹〔註49〕。《禮記‧雜記》曰：「喪冠條屬，以別吉凶。三年之練冠亦以條屬右縫，小功以下左縫。」正說明因喪服、喪冠之別，與服喪之對象有關。研讀《禮書通故》之〈禮節圖表〉、〈名物圖〉等，更可以深入理解五禮之內涵。保存遠古文獻資料，嘉惠後學。

6. 《通典‧禮典》在卷一百六禮六十六至卷一百四十　禮一百，則敘述開元禮制，分述吉禮（一至十三）、嘉禮（一至九）、賓禮（一）、軍禮（一至二）、凶禮（一至七），所敘述之內容，例如卷一百十七　禮七十七　開元禮纂類十二皇帝皇太子視學、出宮、視學、車駕還宮、皇太子釋奠於孔宣父國學釋奠仲春仲秋、釋奠於齊太公廟並附、齋戒、陳設、出宮、饋享、講學、還宮、皇太子束脩國學束脩附」等。可見《通典》徵引資料繁博，詳實陳述古代典章制度，讓古禮能源遠流長，頗有貢獻。

　　綜合上述，可知杜佑撰寫《通典》時，以會通古今、章法嚴謹、剪裁允當之史學方法，完成我國歷史上第一部典章制度通史，居功厥偉。但杜佑以一人之力量要完成共二百卷之巨著，所涉及之層面廣泛，因此《通典》在編纂上亦有疏失，例如〈禮典〉之繁複，《通典》全書共二百卷，而〈禮典〉卻有一百卷，竟佔全書之半，與其他各門之比例不協調，如《四庫全書總目提要》論《通典》所舉之例證〔註50〕。研讀此二部巨著，可見作者編撰之用心，雖然有些闕失，但瑕不掩瑜，對後學而言，仍是值得研讀參考之好書。

〔註48〕〔清〕黃以周撰、王文錦點校：《禮書通故》，頁2035～2052。

〔註49〕同上注，頁2662～2712。

〔註50〕〔清〕永瑢、紀昀等：《通典》，《四庫全書總目提要》：「〈食貨門〉之〈賦稅〉，載《周官》貢賦，而太宰所掌九貢之法失載。載北齊租調之法，河清三年令民十八受田輸租調，而露田之數失載。錢幣不載陳永定元年制四柱錢法，榷酤不載後周榷酒坊法。〈選舉門〉不載齊明帝時制士人品第有九品之科，小人之官複有五等法。〈考績〉不載宋、齊間治民之官以三年、六年爲小滿遷換法。〈職官門〉如《周禮‧地官》有舍人上士二人掌平宮中之政，乃云中書舍人魏置。」，卷81，頁678。

第三節　《禮書通故》與《五禮通考》之比較分析

一、《五禮通考》作者事略

　　秦蕙田，字樹峰，一字樹灃，號味經，金匱（今江蘇無錫市）人。依據《清儒學案・味經學案》所述：

> 祖松齡，順治乙未進士，康熙己未召試博學鴻詞，授左諭德。本生
> 父道然，康熙己丑進士，由編修歷官禮科給事中，從宜興湯氏之錡
> 學，著有《困知私記》、《明儒語要》、《泉南山人集》。……乾隆丙辰
> （1736）成一甲三名進士，授翰林院編修，入直南書房。……母憂，
> 歸。服闋，直上書房，歷侍講、庶子右通政、內閣學士、禮部侍郎。
> 丁父憂，將屆服闋，先命補原官，調刑部侍郎，工部工部尚書，調
> 刑部尚書，協理算學館事務，兼理樂部大臣，署翰林院掌院學士，
> 加太子太保。乾隆二十九年（1764），以疾請罷。命回籍養疴，不開
> 缺。卒於途，年六十三，諡文恭。〔註51〕

秦蕙田少承家學，專攻儒經，以學養深厚，受朝廷重用，屢被拔擢，歷經禮部、刑部、工部等要職。身遭母憂、父憂，回故鄉治喪。服喪其滿，朝廷調升其官職。乾隆二十九年（1764）以病請解任回籍，高宗一再挽留，及准請，卒於途。秦蕙田《五禮通考・自序》云：

> 蕙田性拙鈍，少讀書不敢為詞章淹貫之學。塾師授之經，循行數墨，
> 恐恐然若失也。甲辰，年甫逾冠，偕同邑蔡學正宸錫、吳主事大年、
> 學士尊彝兄弟為讀經之會，相與謂《三禮》自秦、漢諸儒抱殘守闕，
> 註疏雜入讖緯，輵輵紛紜。《宋史》載朱子當日常欲取《儀禮》、《周
> 官》、《二戴記》為本，編次朝廷公卿大夫士民之禮，盡取漢、晉以
> 下諸儒之說，考訂辨正，以為當代之典。今觀所著經傳經解，繼以
> 黃勉齋、楊信齋兩先生修述，究未足為完書。是以《三禮》疑義，
> 至今猶蔀。迺於《禮經》之文，如郊祀、明堂、宗廟、禘嘗、饗宴、
> 朝會、冠昏、賓祭、宮室、衣服、器用等，先之以經文之互見錯出
> 足相印證者，繼之以註疏諸儒之牴牾訾議者，又益以唐、宋以來專
> 門名家之考論發明者。每一字一義，輒集百氏而諦審之，審之久，
> 思之深，往往如入山得徑，蓁蕪豁然，又如掘井逢源，溢然自出，

〔註51〕　徐世昌纂：〈秦先生蕙田〉，《清儒學案・味經學案》，卷67，頁2581～2582。

然猶未敢自信也。半月一會，問者、難者、辨者、答者迴旋反覆，
務期愜諸己，信諸人，而後乃筆之箋釋，存之考辨。如是者十有餘
年，而袞然漸有成帙矣。〔註52〕

秦蕙田年少時即留意經學，在塾師之諄諄教導下，使其在禮學方面奠定深厚
之基礎。經益友蔡宸錫、吳大年、尊彝兄弟組成讀經會之琢磨，使其學問日
益精進。秦蕙田與友人有感於「《三禮》自秦漢諸儒，抱殘守闕，注疏雜入讖
緯；而朱子（1130～1200）《儀禮經傳通解》雖經黃榦、楊復修述，究未爲完
書」。因此，秦蕙田潛心鑽研《三禮》，剖析疑義。與讀經會朋友切磋討論，
持續十餘年，集思廣益，積漸有成，完成《經說》百餘卷。由上述，可見秦
蕙田之爲學宗經之學術取向。秦蕙田《五禮通考·自序》又云：

丁卯、戊辰治喪在籍，杜門讀禮，見崑山徐健菴先生《通考》，規模
義例具得朱子本意，惟吉嘉賓軍四禮尚屬闕如。惜宸錫、大年相繼
殂謝，乃與學士吳君尊彝陳舊篋，置鈔胥，發凡例，一依徐氏之本，
並取向所考定者，分類排輯，補所未及。〔註53〕

秦蕙田在丁憂期間，鑽研《三禮》，因徐乾學《讀禮通考》惟詳喪葬一門，且
古經散亡，鮮能尋端竟委，是以參酌《讀禮通考》體例，增輯吉、嘉、賓、
軍四禮，網羅眾說，寫作《五禮通考》一書。

二、《五禮通考》之體例

清秦蕙田所撰著《五禮通考》共二百六十二卷，加卷首《禮經作述源流》
和《歷代禮制沿革》四卷，共計二百六十六卷，在蔡德晉、吳鼎、方觀承、
盧見曾（1690～1768）、宋宗元（1710～1779）、錢大昕、戴震等人相助下，
歷時三十八年，於乾隆二十六年（1761）編纂完成。該書對上起先秦、下至
明末之中國古代禮制進行全面而詳盡之梳理。依據《五禮通考·凡例》云：

杜氏、馬氏所載歷代史事，大概專據志書，而本紀、列傳不加捜採。
然史家記事，彼此互見，且二十二史體例各殊，有詳於志而不登紀
傳者，亦有散見紀傳而不登於志者，舉一廢一，不無掛漏。又其採
輯之法，有時全載議論，一事而辨析千言。有時專提綱領，千言而
括成一語，詳略不均，指歸無據。茲特徧採紀傳，參校志書，分次

〔註52〕同上註，頁 2583～2584。
〔註53〕徐世昌纂：《《五禮通考》·凡例〉，《清儒學案·味經學案》〉，卷 67，頁 2583
～2584。

時代、詳加考核。凡諸議禮之文，務使異同並載，曲直具存，庶幾
後之考者，以詳其本末。〔註54〕

《五禮通考・凡例》又云：

歷代禮典，西京賈、董昌言，未遑制作。東都銳意舉修、多雜讖緯。
魏、晉則僅傳儀注。逮梁天監中，五禮始有成書。唐《開元禮》出
而五禮之文大備。杜氏因之，參輯舊聞，作爲《通典》。馬氏續加增
廣，纂入《通考》。元、明各有集禮及典章、會典等書。班孟堅云：
「王者必因前王之禮，順時施宜，有所損益。」夫子亦曰：「百世可
知。」〔註55〕

秦蕙田撰著《五禮通考》之用意，在網羅古今禮書，辨析疑義，探究歷代禮
制源流。茲歸納四點《五禮通考》之體例如下：

（一）採取《周禮・大宗伯》所列吉、凶、軍、賓、嘉五禮，爲著書之綱
目依照杜佑《通典》編排順序，將全書分爲吉禮、嘉禮、賓禮、軍
禮、凶禮五大部分。

（二）會通歷代禮書，調和折衷眾家之長，以成《五禮通考》一書
參酌徐乾學《讀禮通考》之體例，會通歷代禮書，包括：《三禮》、
唐代杜佑《通典》、朱熹《儀禮經傳通解》、元代馬端臨（1254～1323）
《文獻通考》、陳祥道《禮書》。列舉歷代禮書中之資料，後加案語，
「搜擇融冶，折諸儒之異同而求其是。將使後之考禮者，恍然如日
再中，不至若扣盤捫燭也」。〔註56〕其輯錄材料廣博，考證精當，
堪稱宏偉巨著，是研究和考察古代禮制之重要參考文獻。

（三）強調研究禮學、禮制需探本溯源，會通歷代禮制文獻
秦蕙田編撰《五禮通考・凡例》主張：「考制必從其朔，法古貴知
其意。……茲特兼收異說，并先儒辨論，附于各條之後、以備參稽。
或並存闕疑、於治經之學，不無補裨。」〔註57〕由於《五禮通考》
會通歷代禮制文獻，其中大量徵引《十三經》、《二十二史》、《通志》、
《通典》等文獻，對禮制具體情況與沿革變化，必探本溯源，詳加

〔註54〕同上注。
〔註55〕同上注，頁 2586。
〔註56〕〔清〕蔣汾功：〈《五禮通考》序〉，收入〔清〕秦蕙田著：《五禮通考》（臺北：
聖環圖書公司，味經窩初試刻印本，1994 年 5 月影印本），頁 2。
〔註57〕徐世昌纂：《《五禮通考》・凡例》，《清儒學案・味經學案》，卷 67，頁 2585。

考訂，並訂正訛誤，以免貽誤後學。

（四）秦蕙田常與讀經會友人切磋禮學，在集思廣益下完成卷帙浩繁之《五禮通考》一書

方承觀云：「是書體大物博，先生積數十年搜討參伍，乃能較若畫一。」〔註58〕可見《五禮通考》是積累數十年而成書。當時參與編纂者，均是清代學有專精之菁英，「先生撰《五禮通考》，博諮當時通儒，自方恪敏外，參校者有金匱吳氏鼎、德州盧氏見曾、元和宋氏宗元、嘉定錢氏大昕、王氏鳴盛、休寧戴氏震、仁和沈氏廷芳、吳江顧氏我鈞。其吉禮屬吳氏、盧氏、顧氏。嘉禮屬錢氏者，昏、饗、燕、鄉飲酒、學諸禮，及體國經野、設官分職兩大類；屬王氏者，射、巡狩；屬戴氏者，觀象授時一大類。賓禮全屬錢氏。軍禮全屬王氏。凶禮屬錢氏、沈氏、吳氏、盧氏。惟宋氏所參校者十及八、九，統校全書則屬諸山陽吳氏玉搢焉。青浦王氏昶亦預參校。而卷中未分注名氏。」〔註59〕可知當時諸多名家大儒襄贊與參訂，是《五禮通考》成書之幕後功臣。惜秦蕙田《五禮通考》書成之後，未能具列諸人名氏。

三、《五禮通考》之學術價值

清代秦蕙田所撰《五禮通考》一書，以《周官》五禮：吉、凶、軍、賓、嘉分目，匯古今諸儒聚訟之說，附以歷朝史志，為之疏通駁解，條分縷析，對後學考禮者裨益良多。茲述《五禮通考》之學術價值如下：

（一）詳考秦漢迄明代禮學之沿革

中國古代禮學典籍猶如汗牛充棟，而有關禮學之文獻資料浩如淵海，窮畢生之精力，亦難窺其全豹。孔子曰：「文獻不足故也，足則吾能徵之。」〔註60〕秦蕙田有感於此，於《五禮通考‧凡例》云：

作者謂聖，述者謂明。聖則經，而賢則傳。《漢藝文志》言禮者十三家，洎及魏、晉，師傳弟受、抱殘守闕，厥功偉焉。至宋、元諸大

〔註58〕　〔清〕方承觀：〈《五禮通考》序〉，收入〔清〕秦蕙田著：《五禮通考》，頁3。

〔註59〕　徐世昌纂：〈《味經學案》附錄〉，《清儒學案‧味經學案》，卷67，頁2597。

〔註60〕　〈八佾〉：「子曰：『夏禮吾能言之，杞不足徵也。殷禮吾能言之，宋不足徵也。文獻不足故也，足則吾能徵之矣。』」，見〔漢〕鄭玄注，〔魏〕何晏集解，〔宋〕邢昺疏：《論語注疏》，卷3，頁27。

儒，出粹義微言，元宗統會，而議禮始有歸宿。茲編考訂，專以經
傳爲權衡，謹輯禮經源流列於首簡。〔註61〕

可知作者撰述古代《禮經》源流之宗旨。於《五禮通考》一書之卷首〈禮經
作述源流〉與〈歷代禮制沿革〉四卷，進一步闡明上起秦漢，下迄明代禮制、
禮學之沿革。茲舉《周禮》之源流爲例如下：

　　《漢書・藝文志》：「《周官經》六篇，《周官傳》四篇。」〈河間獻
　　王傳〉：「修學好古所得書，皆古文、先秦舊書《周官》、《尚書》、
　　《禮》。」《後漢書・賈逵傳》：「作《周官》解詁。」〈儒林傳〉：「中
　　興鄭眾傳《周官經》，後馬融作《周官傳》授鄭元作《周官注》……
　　《隋書・經籍志》漢時有李氏得《周官》。《周官》蓋周公所制官政
　　之法，上於河間獻王，獨闕〈冬官〉一篇。獻王購以千金不得，遂
　　取《考工記》以補其處，合成六篇奏之。至王莽時，劉歆始置博士，
　　以行於世。……《唐書・藝文志》：「賈公彥《周禮疏》五十卷、王
　　玄度《周禮義決》三卷。」《宋史・藝文志》：「王安石《新經周義》
　　二十二卷。」……《明史・藝文志》：「方孝孺《周禮考次目錄》一
　　卷……」〔註62〕

自漢代至隋代僅見《周官》之名，至唐代始見《周禮》之名。秦蕙田既以通
考爲意，因此此種分類排輯，詳述禮經源流之筆法，對徵引古禮文獻者而言，
可減少迂迴摸索之困境。

（二）匯集整理歷代禮學研究成果

　　《五禮通考》全書二百六十二卷，共分八十五門類，前一百二十七卷爲
吉禮，繼之嘉禮七十二卷，賓禮十三卷，軍禮十三卷，凶禮十七卷。對上起
先秦，下至明末之中國古代禮學禮制資料，作詳盡之梳理。據《五禮通考・
凡例》云：

　　五禮之名，肇自〈虞書〉。五禮之目，著於《周官》。〈大宗伯〉曰吉
　　凶軍賓嘉。〈小宗伯〉掌五禮之禁令與其用等。孔子曰：「周監於二
　　代，郁郁乎文哉，吾從周。」所以經緯天地，宰制萬物，大矣，至
　　矣！自古禮散軼，漢儒掇拾於煨燼之餘，其傳於今者，惟《儀禮》
　　十七篇、《周官》五篇、《考工記》一篇，文多殘闕。《禮記》四十九

〔註61〕　徐世昌纂：〈《五禮通考》・凡例〉，《清儒學案・味經學案》〉，卷67，頁2585。
〔註62〕　〔清〕秦蕙田著：〈禮經作述源流〉下，《五禮通考》，卷2，頁2～3。

篇，刪自小戴及所存《大戴禮》、間有制度可考，而純駁互見，附以
注疏，及魏、晉諸家、人自爲說，益用紛歧。唐、宋以來，惟杜氏
佑《通典》、陳氏祥道《禮書》、朱子《儀禮經傳通解》、馬氏端臨《文
獻通考》言禮頗詳。今案：《通解》所纂王朝邦國諸禮，合《三禮》
諸經傳記，薈萃補輯，規模精密，第專錄註疏，亦未及史乘，且屬
未成之書。《禮書》詳於名物，略於略註。《通典》、《通考》雖網羅
載籍，兼收令典。第五禮僅二書門類之一，未克窮端竟委，詳說反
約。《宋史·禮志》載朱子嘗欲取《儀禮》、《周官》、《二戴記》爲本，
編次朝廷公卿大夫士民之禮。盡取漢、晉而下及唐諸儒之說，考訂
辨正，以爲當代之典，未及成書。至近代崑山徐氏乾學著《讀禮通
考》一百二十卷，古禮則倣《經傳通解》，兼採眾說，詳加折衷，歷
代則一本正史，參以《通典》、《通考》，廣爲搜集，庶幾朱子遺意，
所關經國善俗，厥功甚鉅。惜乎吉嘉賓軍四禮屬草未就。是書因其
體例，依《通典》五禮次第、編輯吉禮如干卷、嘉禮如干卷、賓禮
如干卷、軍禮及凶禮之未備者如干卷，而《通解》內之王朝禮，別
爲條目，附於嘉禮。合徐書，而〈大宗伯〉之五禮、古今沿革本末
源流，異同失得之故，咸有考焉。〔註63〕

可知秦蕙田博覽群經，匯集眾說，詳加考證，指摘缺失。依據杜佑《通典》
所述「五禮次第」五禮次第，撰成《五禮通考》一書。所徵引之書目包括：《十
三經》、《二十二史》、杜佑《通典》、朱熹《儀禮經傳通解》、馬端臨《文獻通
考》等文獻，涵蓋範圍廣大，歷代禮制均具備。尤以考索《周官·大宗伯》
所述五禮之古今沿革，本末源流，均頗爲詳實。曾國藩稱譽此書：「秦氏《五
禮通考》，自人文、地理、軍政、官制都萃其中，旁綜九流，細破無內，國藩
私獨宗之。」〔註64〕洵不誣也。

（三）開創會通古今之禮學歷史觀

秦蕙田纂修《五禮通考》一書，以《周官》五禮分目，匯古今諸儒聚訟
之說，附以歷朝史志，爲之疏通駁解。蔣汾功《五禮通考序》云：

〔註63〕 徐世昌纂：《《五禮通考》·凡例〉，《清儒學案·味經學案》〉，卷 67，頁 2584
　　　　～2585。

〔註64〕 〔清〕曾國藩〈孫芝房侍講芻論序〉，收入〔清〕徐世昌纂：《清儒學案·味
　　　　經學案》附錄，卷 67，頁 2598。

惟禮則隨時代更，郊社所配，殷周各異，南北之祀，分合多歧，一
端如此，餘可例矣。又未經夫子手定，故羣儒議論紛紛，比於聚訟。
若唐之《開元禮》、宋之《太常因革禮》，雖命儒臣纂輯，垂為一代
章程，而因陋就簡，大暑與綿蕞等。後人但藉以考其同異而已，非
好學精思者，孰能訂其是非得失而正之。往時崑山徐大司寇有《讀
禮通考》一書，於諸禮猶闕而未備。少宗伯秦公奮然繼起，五禮而
編次之，薈萃該洽，受心所是而非以立異於古，有稽而不敢苟同其
不可強釋者，則闕疑焉。仍其名曰《通考》。〔註65〕

秦蕙田鑽研《三禮》，受清初學者徐乾學所著《讀禮通考》之啓發，決心在徐
乾學研究喪禮之基礎上，以《周官》五禮：吉、凶、軍、賓、嘉分目，寫作
《五禮通考》一書。例如：「以樂律附於古禮宗廟制度之後；以天文推步、句
股割圓，立「觀象授時」一題統之；以古今州國都邑山川地名，立「體國經
野」一題統之：並載入《嘉禮》。」〔註66〕此種匯古今諸儒聚訟之說，附以歷
朝史志，為之疏通駁解，條分縷析，開創會通古今之禮學歷史觀，對後學考
禮者裨益良多。盧文弨《五禮通考·跋》云：「吾師味經先生因徐氏《讀禮通
考》之例而徧考五禮之沿革，博取精研，凡用功三十八年而書乃成。……古
今之菁英盡萃於此矣，洵懸諸日月不刊之書也。」〔註67〕《五禮通考》不僅
卷帙浩繁，且歷時三十八年而成書，在中國禮學史上享有盛譽，良有以也。

四、《禮書通故》與《五禮通考》撰述比較

表四：《禮書通故》與《五禮通考》撰述比較表

書名 撰述	《五禮通考》	《禮書通故》
成書時間	草創於雍正二年甲辰（1724），乾隆二十六年（1761）告蔵其事。	是書草創於庚申（1860），告蔵於戊寅（1878）。
記事時限	上起先秦，下迄明代。	上起漢代，下迄於晚清。
編輯篇卷	以《周官》五禮分目，加卷首《禮經作述源流》和《歷代禮制沿革》四卷，共計二百六十二卷，分七	禮書一、宮室二、衣服三、卜筮四、冠五、婚六、見子七、宗法八、喪服九、喪禮十、喪祭十一、郊十二、社十三、群祀十四、明堂十五、宗廟十

〔註65〕　〔清〕蔣汾功：《〈五禮通考〉序》，收入〔清〕秦蕙田著：《五禮通考》，頁2。
〔註66〕　〔清〕永瑢、紀昀等：《四庫全書總目提要》，《經部·禮類》，卷22，頁458。
〔註67〕　〔清〕盧文弨：〈五禮通考·跋〉，《抱經堂文集》，卷8，頁626。

		六、肆獻祼饋食十七、時享十八、改正告朔十九、耤田躬桑二十、相見廿一、食廿二、飲廿三、燕饗廿四、射廿五、投壺廿六、朝廿七、聘廿八、覲廿九、會盟三十、即位改元號諡卅一、學校卅二、選舉卅三、職官卅四、井田卅五、田賦卅六、職役卅七、錢幣市糴卅八、封國卅九、軍四十、田獵四一、御四二、六書四三、樂律四四、刑法四五、車制四六、名物四七、禮節圖表四八、名物圖四九、敘目五十。
	十五個門類。前一百二十七卷為吉禮，繼之嘉禮七十二卷，賓禮十三卷，軍禮十三卷，凶禮十七卷。	
全書分量	全書近四百九十萬字以上，共二百六十二卷〔註68〕。	全書近一百餘萬字，共一百零二卷。
徵引之書	《十三經》、《二十二史》、《通志》、《通典》等文獻。	《周禮》、《儀禮》、《禮記》三書、經注史說、諸子雜家等文獻。
編撰門目	《四庫全書總目·經部·禮類》，通禮之屬。	《續修四庫全書·經部·禮類》。
撰述宗旨	網羅眾說，以成一書。	囊括三禮，博綜制度。

由上列表格所述，將《通典》與《禮書通故》之同異，略述如下：

相同之處：

1. 《五禮通考》與《禮書通故》二書，從草創至成書均歷時良久，《五禮通考》38 年，《禮書通故》19 年，足證作者之撰述之用心。

2. 二書記事之時限均貫通古今。

3. 二書編纂之體裁取法《周禮》「吉、凶、嘉、賓、軍」等五禮之順序。

4. 在編撰門目上，《五禮通考》列入《四庫全書總目·經部·禮類》通禮之屬；《禮書通故》列入《續修四庫全書·經部·禮類》。

相異之處：

1. 《五禮通考》記事時限，上起先秦，下迄明代；《禮書通故》記事時限，上起漢代，下迄於晚清。

2. 《五禮通考》編輯體例，以《周官》五禮分目，加卷首《禮經作述源流》和《歷代禮制沿革》四卷，共計二百六十二卷，分七十五個門類。前一百二十七卷為吉禮，繼之嘉禮七十二卷，賓禮十三卷，軍禮十三卷，凶禮十七卷。樂、兵、刑法、州郡、邊防等九門；《禮書通故》編輯體例，自〈禮書通故〉至〈名物通故〉，分四十七門，又有〈禮節圖〉、

〔註68〕楊志剛：〈秦蕙田《五禮通考》撰作特點析論〉（臺灣：高雄師範大學經學研究所《經學研究集刊》，2007 年 10 月），第三期，頁 150。

〈名物圖〉及〈敘目〉，凡五十目。

3. 《五禮通考》撰述宗旨為「網羅眾說，以成一書」；《禮書通故》撰述宗旨為「囊括三禮，博綜制度」。

4. 《五禮通考》徵引之書，包括《十三經》、《二十二史》、《通志》、《通典》等文獻；《禮書通故》徵引之書，包括《周禮》、《儀禮》、《禮記》三書、經注史說、諸子雜家等文獻。

五、《禮書通故》與《五禮通考》篇卷名稱比較

表五：《禮書通故》與《五禮通考》篇卷名稱比較表

書名 五禮	《五禮通考》	《禮書通故》	附　　注
吉禮	卷一至卷二十 圜丘祀天	〈宗廟禮通故〉 二卷	《五禮通考》會通圜丘祀天禮，別為條目；《禮書通故》闡述古禮古義
吉禮	卷二十一 祈穀	〈群祀禮通故〉 二卷	《五禮通考》會通祈穀禮，別為條目；《禮書通故》闡述古禮古義
吉禮	卷二十二至卷二十三 大雩	〈群祀禮通故〉 二卷	《五禮通考》會通大雩禮，別為條目；《禮書通故》闡述古禮古義
吉禮	卷二十四至卷三十 明堂	〈群祀禮通故〉 二卷	《五禮通考》會通明堂禮，別為條目；《禮書通故》闡述古禮古義
吉禮	卷三十一 五帝	〈宗廟禮通故〉 二卷	《五禮通考》會通五帝禮，別為條目；《禮書通故》闡述古禮古義
吉禮	卷三十二 五帝祭寒暑	〈宗廟禮通故〉 二卷	《五禮通考》會通五帝祭寒暑禮，別為條目；《禮書通故》闡述古禮古義
吉禮	卷三十三至卷三十四 日月	〈群祀禮通故〉 二卷	《五禮通考》會通日月禮，別為條目；《禮書通故》闡述古禮古義
吉禮	卷三十五 星辰	〈群祀禮通故〉 二卷	《五禮通考》會通星辰禮，別為條目；《禮書通故》闡述古禮古義
吉禮	卷三十六 星辰附	〈群祀禮通故〉 二卷	《五禮通考》會通祈星辰附禮，別為條目；《禮書通故》闡述古禮古義
吉禮	卷三十七至卷四十 方丘祭地	〈群祀禮通故〉 二卷	《五禮通考》會通方丘祭地禮，別為條目；《禮書通故》闡述古禮古義
吉禮	卷四十一至卷四十五 社稷	〈群祀禮通故〉 二卷	《五禮通考》會通社稷禮，別為條目；《禮書通故》闡述古禮古義
吉禮	卷四十六至卷四十八 四望山川	〈郊禮通故〉 二卷	《五禮通考》會通四望山川禮，別為條目；《禮書通故》闡述古禮古義

吉禮	卷四十九至卷五十二 四望山川附	〈郊禮通故〉二卷	《五禮通考》會通二四望山川附禮，別爲條目；《禮書通故》闡述古禮古義
吉禮	卷五十三 五祀	〈郊禮通故〉二卷	《五禮通考》會通祈五祀禮，別爲條目；《禮書通故》闡述古禮古義
吉禮	卷五十四 六宗	〈郊禮通故〉二卷	《五禮通考》會通六宗禮，別爲條目；《禮書通故》闡述古禮古義
吉禮	卷五十五 四方、四類、高禖	〈郊禮通故〉二卷	《五禮通考》會通四方、四類、高禖禮，別爲條目；《禮書通故》闡述古禮古義
吉禮	卷五十六 蜡臘	〈宗廟禮通故〉二卷	《五禮通考》會通蜡臘禮，別爲條目；《禮書通故》闡述古禮古義
吉禮	卷五十七 儺、醀、盟詛、釁	〈宗廟禮通故〉二卷	《五禮通考》會通、儺、醀、盟詛、釁禮，別爲條目；《禮書通故》闡述古禮古義
吉禮	卷五十八至卷七十一 宗廟制度	〈宗廟禮通故〉二卷	《五禮通考》會通宗廟制度禮，別爲條目；《禮書通故》闡述古禮古義
吉禮	卷七十二至卷七十七 宗廟制度附	〈宗廟禮通故〉二卷	《五禮通考》會通宗廟制度附禮，別爲條目；《禮書通故》闡述古禮古義
吉禮	卷七十八至卷八十四 宗廟制度	〈宗廟禮通故〉二卷	《五禮通考》會通宗廟制度禮，別爲條目；《禮書通故》闡述古禮古義
吉禮	卷八十五至卷九十六 宗廟時享	〈時享禮通故〉一卷	《五禮通考》會通宗廟時享禮，別爲條目；《禮書通故》闡述古禮古義
吉禮	卷九十七至卷一百 禘祫	〈宗廟禮通故〉二卷	《五禮通考》會通禘祫禮，別爲條目；《禮書通故》闡述古禮古義
吉禮	卷 一百一 薦新	〈宗廟禮通故〉二卷	《五禮通考》會通薦新禮，別爲條目；《禮書通故》闡述古禮古義
吉禮	卷一百二至卷一百四 后妃廟	〈宗廟禮通故〉二卷	《五禮通考》會通后妃廟禮，別爲條目；《禮書通故》闡述古禮古義
吉禮	卷一百五至卷一百六 私親廟	〈宗廟禮通故〉二卷	《五禮通考》會通私親廟禮，別爲條目；《禮書通故》闡述古禮古義
吉禮	卷一百七 太子廟	〈宗法通故〉一卷	《五禮通考》會通太子廟禮，別爲條目；《禮書通故》闡述古禮古義
吉禮	卷一百八 諸侯廟祭	〈宗法通故〉一卷	《五禮通考》會通祈諸侯廟祭禮，別爲條目；《禮書通故》闡述古禮古義
吉禮	卷一百九至卷一百十五 大夫士廟祭	〈宗法通故〉一卷	《五禮通考》會通大夫士廟祭禮，別爲條目；《禮書通故》闡述古禮古義
吉禮	卷一百十六 祀先代帝王	〈宗法通故〉一卷	《五禮通考》會通祀先代帝王禮，別爲條目；《禮書通故》闡述古禮古義

吉禮	卷一百十七至卷一百二十 祭先聖先師	〈學校禮通故〉 二卷	《五禮通考》會通祭先聖先師禮，別 爲條目；《禮書通故》闡述古禮古義
吉禮	卷一百二十一 祀孔子	〈學校禮通故〉 二卷	《五禮通考》會通祀孔子禮，別爲條 目；《禮書通故》闡述古禮古義
吉禮	卷一百二十二 功臣配享	〈學校禮通故〉 二卷	《五禮通考》會通功臣配享禮，別爲 條目；《禮書通故》闡述古禮古義
吉禮	卷一百二十三 賢臣祀典	〈學校禮通故〉 二卷	《五禮通考》會通賢臣祀典禮，別爲 條目；《禮書通故》闡述古禮古義
吉禮	卷一百二十四至卷一百二五 親耕享先農	〈藉田躬桑禮通 故〉一卷	《五禮通考》會通親耕享先農禮，別 爲條目；《禮書通故》闡述古禮古義
吉禮	卷一百二十六 親桑享先蠶	〈藉田躬桑禮通 故〉一卷	《五禮通考》會通親桑享先蠶禮，別 爲條目；《禮書通故》闡述古禮古義
吉禮	卷一百二十七 吉禮一百二十七 享先火	〈卜筮通故〉 一卷	《五禮通考》會通享先火禮，別爲條 目；《禮書通故》闡述古禮古義
嘉禮	卷一百二十八至卷一百二十 九 即位改元	〈改正頒朔禮通 故〉一卷	《五禮通考》會通即位改元禮，別爲 條目；《禮書通故》闡述古禮古義
嘉禮	卷一百三十 上尊號	〈改正頒朔禮通 故〉一卷	《五禮通考》會通上尊號禮，別爲條 目；《禮書通故》闡述古禮古義
嘉禮	卷一百三十一至卷一百四十 一 朝禮	〈朝禮通故〉 一卷	《五禮通考》會通朝禮，別爲條目； 《禮書通故》闡述古禮古義
嘉禮	卷一百四十二 尊親禮	〈朝禮通故〉 一卷	《五禮通考》會通尊親禮，別爲條目； 《禮書通故》闡述古禮古義
嘉禮	卷一百四十三至卷一百四十 七 飲食禮	〈食禮通故〉二 卷、〈飲禮通故〉 一卷	《五禮通考》會通飲食禮，別爲條目； 《禮書通故》闡述古禮古義
嘉禮	卷一百四十八至卷一百五十 冠禮	〈冠禮通故〉 一卷	《五禮通考》會通冠禮，別爲條目； 《禮書通故》闡述古禮古義
嘉禮	卷一百五十一至卷一百五十 五 昏禮	〈昏禮通故〉 一卷	《五禮通考》會通昏禮，別爲條目； 《禮書通故》闡述古禮古義
嘉禮	卷一百五十六至卷一百六十 饗燕禮	〈燕饗禮通故〉 一卷	《五禮通考》會通饗燕禮，別爲條目； 《禮書通故》闡述古禮古義
嘉禮	卷一百六十一至卷一百六十 六 射禮	〈射禮通故〉 五卷	《五禮通考》會通射禮，別爲條目； 《禮書通故》闡述古禮古義

嘉禮	卷一百六十七至卷一百六十八 鄉飲酒禮	〈朝禮通故〉一卷	《五禮通考》會通鄉飲酒禮，別為條目；《禮書通故》闡述古禮古義
嘉禮	卷一百六十九至卷一百七十七 學禮	〈學校禮通故〉二卷	《五禮通考》會通學禮，別為條目；《禮書通故》闡述古禮古義
嘉禮	卷一百七十八至卷一百八十 巡狩	〈郊禮通故〉二卷	《五禮通考》會通巡狩禮，別為條目；《禮書通故》闡述古禮古義
嘉禮	卷一百八十一至卷二百 觀象授時	〈社禮通故〉一卷	《五禮通考》會通觀象授時禮，別為條目；《禮書通故》闡述古禮古義
嘉禮	卷二百一至卷二百一十二 體國經野	〈社禮通故〉一卷	《五禮通考》會通體國經野禮，別為條目；《禮書通故》闡述古禮古義
嘉禮	卷二百十三至卷二百十九 設官分職	〈職官禮通故〉五卷	《五禮通考》會通設官分職，別為條目；《禮書通故》闡述古禮古義
賓禮	卷二百二十至卷二百二十一 天子受諸侯朝	〈會盟禮通故〉一卷	《五禮通考》會通天子受諸侯朝禮，別為條目；《禮書通故》闡述古禮古義
賓禮	卷二百二十二 覲禮	〈覲禮通故〉二卷	《五禮通考》會通覲禮禮，別為條目；《禮書通故》闡述古禮古義
賓禮	卷二百二十三 天子受諸侯朝番國朝覲	〈會盟禮通故〉一卷	《五禮通考》會通天子受諸侯朝番國朝覲禮，別為條目；《禮書通故》闡述古禮古義
賓禮	卷二百二十四 會同	〈會盟禮通故〉一卷	《五禮通考》會通會同禮，別為條目；《禮書通故》闡述古禮古義
賓禮	卷二百二十五 三恪二王後	〈朝禮通故〉一卷	《五禮通考》會通三恪二王後禮，別為條目；《禮書通故》闡述古禮古義
賓禮	卷二百二十六 諸侯聘於天子	〈聘禮通故〉二卷	《五禮通考》會通諸侯聘於天子禮，別為條目；《禮書通故》闡述古禮古義
賓禮	卷二百二十七 天子遣使諸侯國	〈朝禮通故〉一卷	《五禮通考》會通天子遣使諸侯國禮，別為條目；《禮書通故》闡述古禮古義
賓禮	卷二百二十八 諸侯相朝	〈燕饗禮通故〉一卷	《五禮通考》會通諸侯相朝禮，別為條目；《禮書通故》闡述古禮古義
賓禮	卷二百二十九 諸侯會盟遇	〈會盟禮通故〉一卷	《五禮通考》會通諸侯會盟遇禮，別為條目；《禮書通故》闡述古禮古義
賓禮	卷二百三十至卷二百三十一 諸侯遣使交聘	〈朝禮通故〉一卷	《五禮通考》會通諸侯遣使交聘禮，別為條目；《禮書通故》闡述古禮古義
賓禮	卷二百三十二 士相見禮	〈相見禮通故〉一卷	《五禮通考》會通士相見禮禮，別為條目；《禮書通故》闡述古禮古義

軍禮	卷二百三十三至卷二百三十六 軍制	〈軍禮通故〉二卷	《五禮通考》會通軍制禮，別爲條目；《禮書通故》闡述古禮古義
軍禮	卷二百三十七至卷二百三十九 出師	〈軍禮通故〉二卷	《五禮通考》會通軍禮，別爲條目；《禮書通故》闡述古禮古義
軍禮	卷二百四十 校閱	〈軍禮通故〉二卷	《五禮通考》會通校閱禮，別爲條目；《禮書通故》闡述古禮古義
軍禮	卷二百四十一 車戰、舟師	〈軍禮通故〉二卷	《五禮通考》會通軍禮，別爲條目；《禮書通故》闡述古禮古義
軍禮	卷二百四十二至卷二百四十三 田獵	〈田禮通故〉一卷	《五禮通考》會通田獵禮，別爲條目；《禮書通故》闡述古禮古義
軍禮	卷二百四十四至卷二百四十五 馬政	〈軍禮通故〉二卷	《五禮通考》會通馬政禮，別爲條目；《禮書通故》闡述古禮古義
凶禮	卷二百四十六至卷二百五十 荒禮		《五禮通考》會通荒禮，別爲條目
凶禮	卷二百五十一 札禮、裁禮、襘禮、恤禮、唁禮、問疾禮	〈喪禮通故〉五卷	《五禮通考》會通喪禮，別爲條目；《禮書通故》闡述古禮古義
凶禮	裁卷二百五十二卷二百六十二 喪禮	〈喪服通故〉五卷、〈喪祭通故〉三卷	《五禮通考》會通喪禮，別爲條目；《禮書通故》闡述古禮古義

　　由上列表格所述，可知《五禮通考》與《禮書通故》二書之篇目內容之差異，略述如下：

1. 《五禮通考》其所考五禮，依《周官・大宗伯》之目，以吉、凶、軍、賓、嘉爲次，吸取前人之長，意在會通。全書之體例：「因徐乾學《讀禮通考》體例，依《通典》五禮次第，編輯及吉禮若干卷，嘉禮若干卷，賓禮若干卷，軍禮及凶禮之未備者若干卷。而《通解》內之王朝禮，別爲條目，附於嘉禮。合徐書，而《大宗伯》之五禮，古今沿革，本末源流，異同失得之故，咸有考焉。」〔註69〕例如、《五禮通考・吉禮》卷一〈圜丘祀天〉，具體羅列並簡介與〈圜丘祀天〉禮制相關之古籍史書，包括：《易經》「益卦、渙卦、鼎卦」三條，《書經》一條，《周

禮》一條，《禮記》「〈曲禮〉、〈王制〉、〈禮運〉、〈禮器〉、〈郊特牲〉、〈祭義〉、〈仲尼燕居〉」七條，《中庸》一條，《詩經·周頌·昊天有成命》一條，《漢書·郊祀志》一條，《禮經會元》一條，陳氏《禮書》一條，羅泌《路史》一條。〔註 70〕由以上所羅列之古籍文獻，可見《五禮通考》是會通歷代禮書，調和折衷眾家之說之巨著，作者並詳加考證，指摘缺失，簡而有要。

2. 從《五禮通考》篇次輕重安排來看，秦蕙田注重對吉禮之詳細探討，而對其他四禮亦各有微幅之調整，補他書所不足。依據《五禮通考·凡例》所述：「吉禮為五禮之冠。《記》曰：『禮有五經，莫重於祭。』唐、虞伯夷典三禮。《周官》大宗伯掌天神地祇人鬼之禮，第兩郊七廟遺文缺徵。……至先儒論說，及累朝奏議，亦廣為採取，較之《通典》、《通考》詳略懸殊，卷帙亦獨多於他禮。」「五禮各門，經文之後，二十二史紀志列傳、搜擇頗廣。今附通解王朝禮。各類經則照五禮條目詳加考證，史則第載沿革大端，以備參考全文，槩從摘略。」〔註 71〕秦蕙田編纂《五禮通考》動機與用心，由此可見。

3. 《禮書通故》著述之旨趣，並不在於資料之彙集編纂，而著眼於辨析是非。除圖表外，本書各卷均由若干條組成。每條之表述方式，均是倣戴聖《石渠奏議》與許慎《五經異義》之體例，即每一個問題，按順序選錄幾家有代表性之見解，然後作者加上案語，分析綜合，提出自己之論斷。〔註72〕

4. 《禮書通故》其書篇目廣大，幾涵蓋所有經部、子部論禮之書，以禮書源流居首，先釋宮室以下諸篇，順序大體是「吉、凶、嘉、賓、軍」等五禮，另外旁及田制、學校、職官等多項，並附有禮節圖、名物圖及敘目共為五十目。除了以《儀禮》十七篇之目為準外，亦不以單純之五禮為分類，有許多篇目是以上下源流之角度來衡量。

綜合上述，可知《五禮通考》是秦蕙田窮盡畢生學力，勾稽考辨，細加疏理，益之以名家大儒之鼎力相助，會聚共訂，費時三十八年，而完成之巨著。曾國藩稱譽此書：「舉天下古今幽明萬事而一經之以禮，可謂體大而思精

〔註 70〕〔清〕秦蕙田著：〈吉禮·圜丘祀天〉，《五禮通考》，卷 1，頁 2～6。
〔註 71〕同注 57，頁 2586～2587。
〔註 72〕〔清〕黃以周撰、王文錦點校：〈點校前言〉，《禮書通故》，頁 2～3。

矣。」〔註73〕可見《五禮通考》之學術價值，但曾國藩亦有「惜其食貨稍缺」
〔註74〕、《四庫全書總目提要》亦有「不免有炫博之意」〔註75〕之微詞。研讀
此二部巨著，可見作者編撰之用心，雖然體例有些闕失，但瑕不掩瑜，對後
代研究禮學者而言，仍是不可或缺之重要參考書。

第四節　《禮書通故》禮學延伸研究

一、《禮書通故》與《通典》相關議題

《禮書通故》體大思精，乃集清代禮學之大成，備受當代學者推崇。黃
以周在《禮書通故‧敘目》云：

> 上自漢、唐，下迄當世，經注史說，諸子雜家，誼有旁涉，隨事輯
> 錄。昔者高密箋《詩》而屢易毛《傳》，注《禮》而屢異先鄭，識已
> 精通乎《六藝》，學不專守於一家。是書之作，竊取茲意，以爲按文
> 究例，經生之功，實事求是，通儒之學。或者反以不分師說，爲我
> 詬病，甘作先儒之佞臣，卒爲古聖之亂賊。惴惴自懼，竊有不敢。
> 述敘目第五十。〔註76〕

黃以周之學術思想秉持家學與古文經學家法，力主「古禮可行」、「聖學必有
所承」，其巨著《禮書通故》，能會通漢、唐迄清代之禮學禮制，並辨析各篇
章之眞僞，而不拘泥於一家之言。因此《禮書通故》書中，亦轉引或節引唐
代杜佑《通典》論禮之篇卷。茲援引二例說明如下：

（一）〈選舉禮通故〉第 14 條

> 《通典》云：「初秀才科等最高，貞觀中有舉而不第者，坐其州長，
> 由是廢絕。士族所趣向，唯明經、進士二科而已。秀才之科久廢。
> 明經雖有甲乙丙丁四科，進士有甲乙二科，自武德以來，明經唯有
> 丁第，進士唯乙科而已。其進士，大抵千人得第者百一二；明經倍

〔註73〕〔清〕曾國藩〈聖哲畫像記〉，收入《曾國藩全集‧詩文》（長沙：嶽麓書社，
　　　　1986 年），頁 247～252。
〔註74〕〔清〕曾國藩〈孫芝房侍講芻論序〉，收入〔清〕徐世昌纂：《清儒學案》，卷
　　　　67，頁 2598。
〔註75〕〔清〕永瑢、紀昀等：《五禮通考》，《四庫全書總目提要》，卷 22，頁 458。
〔註76〕〔清〕黃以周撰、王文錦點校：《禮書通故》，頁 2722。

之，得第者十一二。」〔註77〕

《通考》云：「觀《登科記》所載，雖唐之盛時，每年禮部所放進士

及諸科，未有及五七十人者，與昌黎所言不合。」〔註78〕

以周案：

昌黎〈贈張童子序〉據明經科爲言，與《通典》合。唐《登科記》所

載爲進士、諸科，馬氏誤合明經、進士爲一，故其數不符。〔註79〕

案：黃以周引《通典‧選舉三》杜佑敘述有關大唐〈歷代制下〉考績之文句

〔註80〕，並刪節《通典‧選舉三》二段原文〔註81〕，組合成〈選舉禮通故第

三十三〉第14條。又引馬端臨《文獻通考》卷29〈選舉考二〉韓愈《贈張童

子序》論述「唐代明經科取士」之事，於以周案語，指摘馬端臨「誤合明經、

進士爲一」，故其數不符。可見黃以周贊同《通典‧選舉三》之論述。

（二）〈冠禮通故五〉第35條

《通典》云：「或問：『小功之末，可以冠子。己雖小功，卒哭可以

冠。而鄭、孫二家注，並云「己大功卒哭可以冠」。求之於禮，無可

冠之文。』范汪曰：『《記》云「大功之末，可以冠子嫁子」，則於文

不得復自著己冠，故注家合而明之。以小功得娶妻，則大功亦可以

冠，冠輕婚重，故大功之末得自冠，小功之末得自娶。以記文不備，

故注兼明之。若齊衰不得行吉，則因喪而冠，以冠禮貴及，不可踰

〔註77〕 同上注，頁1379。

〔註78〕 〔元〕馬端臨：〈選舉考〉二，《文獻通考》，卷29。

〔註79〕 同注75。

〔註80〕 〔唐〕杜佑撰、王文錦、王永興、劉俊文、徐庭雲、謝方點校：〈選舉〉三，
《通典》：「初，秀才科等最高，試方略策五條，有上上、上中、上下、中上，
凡四等。貞觀中，有舉而不第者，坐其州長，由是廢絕。開元二十四年以後，
復有此舉。其時以進士漸難，而秀才本科無帖經及雜文之限，反易於進士。
主司以其科廢久，不欲收獎，應者多落之，三十年來無及第者。至天寶初，
禮部侍郎韋陟始奏請，有堪此舉者，令官長特薦，其常年舉送者並停。自是
士族所趨嚮，唯明經、進士二科而已。其初止試策，貞觀八年，詔加進士試
讀經史一部。」見《通典》，卷15，頁354。

〔註81〕 同上注：「按令文，科第秀才與明經同爲四等，進士與明法同爲二等。然秀才
之科久廢，而明經雖有甲乙丙丁四科，進士有甲乙二科，自武德以來，明經
唯有丁第，進士唯乙科而已。先試之期，命舉人謁於先師，有司卜日，宿張
於國學，宰輔以下皆會而觀焉。博集群議講論，而退之禮部。閱試之日，皆嚴
設兵衛，荐棘圍之，搜索衣服，譏訶出入，以防假濫焉。其進士，大抵千人
得第者百一二；明經倍之，得第者十一二。」見《通典》，卷15，頁357。

時。而齊縗之服從重，則大功之末差輕，輕則行以吉，重則因以凶
也。」〔註82〕

案：黃以周引《通典・禮典十六・沿革十六・嘉禮一》〈大功小功末冠議〉
「高崧問范汪：「小功之末，可以冠子」〔註83〕之事宜，並刪節其中三段原文
〔註84〕，「或問」是指「高崧問范汪」。「從重」於原文中寫作「崇重」。此段
徵引《通典》文句，黃以周未加上案語來評論。

二、《禮書通故》與《五禮通考》相關議題

《禮書通故》與《五禮通考》相關議題考述，茲援引二例說明如下：

（一）〈燕饗禮通故〉第49條

秦惠田云：「〈大行人〉上公再祼而酢，侯伯壹祼而酢，子男壹祼而
不酢，謂朝覲之日三享既畢，王乃以鬱鬯之酒禮賓也。饗禮之祼，
經無明文。以禮賓之節推之，上公九獻，則王一獻，后亞獻，皆祼；
侯伯七獻，子男五獻，則惟王祼而已。王祼用圭瓚，惟上公及諸侯
之賜圭瓚者耳，其餘皆以璋瓚祼也。《記》云：『獻之屬莫重于祼。』
大饗者，賓客之大禮，其十二獻、九獻、七獻與事神同，亦必有祼
明矣。《周禮》所載賓客之祼事，注疏皆以禮賓當之，而不及大饗，
似尚未備。」〔註85〕

〔註82〕〔清〕黃以周撰、王文錦點校：《禮書通故》，頁 238。

〔註83〕同註 79，〈大功小功末冠議〉：「高崧問范汪曰：「按小功之末，可以冠子；己
雖小功，卒哭可以冠。而鄭、孫二家注，並云『己大功卒哭可以冠』。求之於
禮，無可冠之文。」范汪答曰：『大功之末，可以冠子』。此於子，已爲無服。」
見《通典》，卷 56，頁 1588。

〔註84〕同註 79，〈大功小功末冠議〉：「記云『大功之末可以冠子嫁子』，而注又云『己
大功卒哭而可以冠，小功卒哭而可以冠娶妻』者，冠而後娶，今既云冠嫁其
子，則於文不得復自著己冠，故注家合而明之。以小功得娶妻，則大功亦可
以得冠，冠輕婚重，故大功之末得自冠，小功之末得自娶，以記文不備，故
注兼明之。……答曰：『齊衰之喪，則冠婚皆廢。大功則廢婚而行冠，冠吉輕
而婚吉重故也。冠吉輕故行之於大功之末，婚吉重故行之於小功之餘。但以
大功末云可以冠子，而自著己冠之文不便。賢者以三隅反之，推小功得自娶，
則大功得自冠。以身有功服，月數尚近，釋親重之服，行輕吉之事。……若
服在齊衰，不得行吉，則因喪而冠，以冠禮貴及，不可踰時。而齊衰之服崇
重，則大功之末差輕，輕則行以吉，重則因以凶也。」見《通典》，卷 56，頁
1588～1589。

〔註85〕〔清〕黃以周撰、王文錦點校：《禮書通故》，頁 1072～1073。

以周案：

> 裸亦獻之屬，散文裸亦生稱獻，對文裸獻別。《周官》〈內宰〉「凡賓
> 客之裸獻瑤爵皆贊」，裸獻對文。鄭注云：「裸之禮，亞王而禮賓；
> 獻謂王饗燕，亞王而獻賓。」此明裸獻之別也。《周官》通例，分裸
> 饗爲二，故鄭注賓客之裸皆云禮賓，不及饗，爲與經合裸酢稱饗異
> 也。〈大行人〉上公之禮，「廟中將幣三享，王禮再裸而酢，饗禮九
> 獻，食禮九舉」，再裸、九獻亦屬對文。賈〈疏〉九獻云：「王酢獻
> 賓，賓酢主人，主人酬賓，酬後更八獻，是爲九獻。」賈意酢裸在
> 饗前，再裸在九獻之外也。據秦說，再裸即在九獻中。〔註86〕

案：黃以周引秦蕙田《五禮通考》論述《周禮·秋官·大行人》「上公之禮」
與「饗食之等」，並刪改原文：「上公之禮，王禮再裸而酢，饗禮九獻，食禮
九舉。侯伯王禮，壹裸而酢，饗禮七獻，食禮七舉。子男王禮，壹裸而不
酢，饗禮五獻，食禮五舉。」〔註87〕爲「〈大行人〉上公再裸而酢，侯伯壹裸
而酢，子男壹裸而不酢。」秦蕙田又云：「周宗廟之祭，以裸爲重，九獻之
禮，以裸爲始。〈祭統〉云：『獻之屬莫重于裸。』」〔註88〕黃以周融會秦蕙田
詮釋「上公之禮」、「饗食之等」、「宗廟時饗」等宗廟禮制，說明饗食裸祭之
重要。於以周案語中，引《周禮·秋官·大行人》〔註89〕來說明「裸亦獻之
屬，散文裸亦生稱獻，對文裸獻別。」證成秦蕙田《五禮通考》之說法是
正確。

（二）〈田禮通故〉第 25 條

> 秦蕙田云：「澤中之獵，不見於〈大司馬〉。《春秋》內外傳，如棠觀
> 魚，濫於泗淵之類，又皆失禮之事居多。然〈地官〉〈山虞〉、〈澤虞〉
> 並有大田獵之文，其事從略者，殆以時舟師未備，故講武亦詳山而
> 略澤與？」〔註90〕

以周案：

> 澤者，蔽也。〈曲禮〉云「國君春田不圍澤」，《詩》云「叔在藪」，

〔註86〕同上注。
〔註87〕〔清〕秦蕙田著：〈吉禮·圜丘祀天〉，《五禮通考》，卷221，頁17～18。
〔註88〕同上注：〈吉禮·宗廟時享〉，卷87，頁4。
〔註89〕〔漢〕鄭玄注、〔唐〕賈公彥疏：〈秋官·大行人〉，《周禮注疏》，卷37，頁
563。
〔註90〕〔清〕黃以周撰、王文錦點校：《禮書通故》，頁1670。

藪澤一也。《爾雅》詳十藪之名，皆古田獵處。〔註91〕

案：黃以周引秦蕙田《五禮通考》論述「澤中之獵」〔註92〕之事宜，於以周
案語中，引《禮記‧曲禮》云：「國君春田不圍澤」，因春時萬物產孕不欲多
傷殺，故不合圍繞。〔註93〕並引《毛詩‧鄭風‧大叔于田》：「叔在藪，火烈
具舉」，言眾同心。〔註94〕又引《爾雅》：「十藪，魯有大野，晉有大陸，秦有
陽陓，宋有孟諸，楚有雲夢，吳越之間有具區，齊有海隅，燕有昭余祁，鄭
有圃田，周有焦護。」〔註95〕說明古代田獵處，亦證明古代國君有田獵之
禮。

小　結

　　《禮書通故》卷帙浩繁，而書中徵引《通典》之篇卷，皆以書名《通典》
〔註96〕出現。而徵引《五禮通考》之篇卷，僅見〈昏禮通故〉第 6 條「秦氏
《通考》」一例，餘均直接稱呼著者姓名「秦蕙田」〔註97〕。在〈禮書通故一〉
第 12 條末云：「凡近儒之說，有待疏證者，有應駁證者，皆列案前。若其說
本明，即順文引入案中，以作斷語，不復列其說于前，爲省文也。」〔註98〕
可見黃以周編撰《禮書通故》，融貫各家對於禮學方面之詮釋，最後加上自己
之案語來說明。研讀此書可以發現其篇卷內容，會通古今禮學禮制之典籍，

〔註91〕 同上注。
〔註92〕 〔清〕秦蕙田著：〈軍禮‧田獵上〉，《五禮通考》，卷242，頁10。
〔註93〕 〔漢〕鄭玄注、〔唐〕孔穎達疏：《禮記正義》，卷4，頁77。
〔註94〕 〔漢〕鄭玄箋、〔唐〕孔穎達疏：〈鄭風‧大叔于田〉，《毛詩正義》，卷4，頁
　　　　163。
〔註95〕 〔晉〕郭璞注、〔宋〕邢昺疏：〈釋地〉，《爾雅注疏》，卷7，頁110～111。
〔註96〕 參見〈衣服通故〉第41條，《禮書通故》，頁96。〈冠禮通故〉第35，《禮書
　　　　通故》，頁238。〈昏禮通故〉第65條，《禮書通故》，頁271。〈宗法通故〉第
　　　　8條，《禮書通故》，頁291～292。〈喪服通故〉第81，《禮書通故》，頁238。
　　　　〈喪服通故〉第198，《禮書通故》第9，頁415。〈喪禮通故〉第199，《禮書
　　　　通故》，頁531。〈選舉禮通故〉第14條，《禮書通故》第3，頁1379。限於篇
　　　　幅，僅舉上述例證。
〔註97〕 參見〈衣服通故〉第95條，《禮書通故》，頁124。〈聘禮通故〉第85條，《禮
　　　　書通故》第20，頁1233。〈學校禮通故〉第16條，《禮書通故》，頁1339。〈學
　　　　校禮通故〉第19條，《禮書通故》，頁1342。〈學校禮通故〉第20條，《禮書
　　　　通故》，頁1343。〈田禮通故〉第25條，《禮書通故》，頁1670。限於篇幅，
　　　　僅舉上述例證。
〔註98〕 〔清〕黃以周撰、王文錦點校：《禮書通故》，頁17。

如開創以典章制度爲編纂新體例之《通典》，到匯集整理歷代禮學研究成果之
《五禮通考》。貫通古今禮學思想，並詳加闡釋，發皇晚清《三禮》學思想，
使《禮書通故》成爲清末《三禮》之學集大成之作。

第八章 黃以周《禮書通故》之學術價值

我國傳統禮學思想源遠流長，歷經朝代之更迭，與世代之累積，逐步建構出多元之禮學文化。清代禮學家，研究古代禮經禮義，考證古代禮制禮儀，並重新詮釋，使禮學研究蔚爲風潮，因而清代研究禮學之大儒輩出，如秦蕙田著《五禮通考》、黃以周著《禮書通故》等書，皆是博大精深，內容宏富之作。俞樾《禮書通故‧序》云：

> 自唐以前，多有以禮學名家者。宋元以來，禮學衰息，儒者說經，喜言《易》而畏言《禮》，《易》可空談，《禮》必徵實也。國朝經術昌明，大儒輩出。于是議禮之家，日以精密。于衣服宮室之度，冠昏喪祭之儀，軍賦官祿之制，天文地理之說，皆能考求古義，歷歷言之。而彙萃成家，集禮學大成者，則莫如秦味經之《五禮通考》。……惟秦氏之書，按而不斷，無所折衷，可謂禮學之淵藪，而未足爲治禮者之藝極。求其博學詳說，去非求是，得以窺見先王制作之潭奧者，其在定海黃氏之書乎。[註1]

說明秦蕙田《五禮通考》一書，敘述五禮沿革與歷代禮制，匯集眾說，頗爲詳實，堪稱集清代禮學大成之作。但博學詳說，考辨《三禮》，去非求是，能深入先王制禮之堂奧，則非黃以周《禮書通故》莫屬。梁啓超亦云：「晚清則有黃以周之《禮書通故》，最博贍精審，蓋清代禮學之後勁矣。」[註2]《禮書通故》受到當代學者之重視，由此可見一斑。

[註1] 〔清〕黃以周撰、王文錦點校：《禮書通故》，頁1。
[註2] 梁啓超：《中國近三百年學術史》，頁46。

本章主要探討黃以周《禮書通故》之學術地位，分述四點：一、闡揚古禮古制之文獻價值。二、訓詁經文之學術價值。三、會通易禮學說之學術價值。四、傳承晚清禮學之學術價值。茲依序論述。

第一節　闡揚古禮古制

中國五千多年之悠久歷史，孕育出浩翰之禮學文化，古禮與古制，受到時代之變遷、烽火之肆虐、人事之變革等因素，因而造成黃侃所謂：「古書殘缺、古制茫昧、古文簡奧、異說紛紜」〔註3〕等難治之現象產生。皮錫瑞指出「輯佚書、精校勘」〔註4〕是清代經學家對後代之貢獻。依據《清儒學案》卷154〈儆居學案下〉〈黃先生以周〉之敘述：

> 凡詳考禮制，多正舊說之誤，而意在覈明古禮，示後聖可行。所著
> 《禮書通故》一百卷，列五十目，先王禮制備焉。〔註5〕

黃以周撰寫《禮書通故》一百卷，列五十目，採集漢、唐至清關於禮制之解說，考釋中國古代禮制、學制、封國、職官、田賦、樂律、刑法、名物、占卜等。章太炎稱譽其書可與「杜氏《通典》相比隆」〔註6〕。梁啟超亦云：「黃儆季（以周）的《禮書通故》一百卷。儆季為薇香（式三）之子，傳其家學，博而能精，又成書最晚，先輩所蒐輯、所考證，供給他以極豐富的資料，所以這部書可謂為集清代《禮》學之大成。」〔註7〕足證《禮書通故》重視歷代禮制之考證梳理與經世治用之結合。

依據《禮書通故》第五十〈敘目〉之敘述：

> 喪服如律，比例嚴密，畸輕畸重，必失其節。親屬以九，服屬以六，
> 仁至誼盡，宗敬族睦。冠衰冠受，升數有定，重特輕包，兼服有經。
> 有降有正，有誼有報，有從有名，衰不當物，烏乎明情。〔註8〕

〔註3〕黃侃：〈禮學略說〉：「禮學所以難治，其故可約說也：一曰古書殘缺，一曰古制茫昧，一曰古文簡奧，一曰異說紛紜。」《黃侃論學雜著》（臺北：臺灣中華書局，1969年），頁444。

〔註4〕〔清〕皮錫瑞撰、周予同注：〈經學復盛時代〉，《經學歷史》，頁363～364。

〔註5〕徐世昌等編纂：《清儒學案‧儆居學案》，卷154，頁5957。

〔註6〕汪兆鏞纂錄：章太炎〈黃以周先生傳〉，《碑傳集三編》，頁141。

〔註7〕梁啟超：十三〈清代學者整理舊學之總成績〉，《中國近三百年學術史》，頁266～267。

〔註8〕〔清〕黃以周撰、王文錦點校：《禮書通故》，頁2714。

在〈喪服通故〉第九篇，黃以周探析喪服制度嚴密，必須謹守「親親、尊尊、長長」〔註9〕之節限。《禮記・喪服小記》曰：「親親，以三爲五，以五爲九。上殺，下殺，旁殺，而親畢矣。」〔註10〕「斬衰、齊衰、大功、小功、緦麻」服喪之五服，是依據血緣之親疏與尊卑而有差異。可見喪服禮儀是中國人「敦睦宗親」之表現。喪服禮屬於五禮中的「凶禮」，它代表對往生者的愛敬與哀思。在《三禮》中對我國古代喪服制度均有詳實的記載，因此《禮書通故》全書共分五個章節二百二十八條，來闡述喪禮的形式秩度，並推衍其義理，論辨其是非，闡揚古禮古制。茲舉〈喪服通故〉爲例，說明《禮書通故》闡揚古禮古制之文獻價值：

一、詮釋古禮古制，博采眾論

《禮記・郊特性》云：「禮之所尊，尊其義也。失其義，陳其數，祝史之事也。故其數可陳也，其義難知也。」〔註11〕說明禮儀、禮制會隨時代之變遷而有所改易，至於其思想內涵則亙古不變。黃以周撰寫《禮書通故》，是以會通群經，分門別類，隨事輯錄，搜集自漢至清之古禮古制，通過考證之功夫，以彰顯古禮之義涵爲宗旨。

（一）〈喪服通故〉第13條

〈喪服〉爲父斬衰三年，爲母齊衰三年，此服之從子制者也。父在爲母齊衰杖期，此服之從父制者也。唐制，父在服母亦齊衰三年。明《孝慈錄》父母之服皆斬。說者疑古制，服母以期，與伯叔母無別，宜法後王。〔註12〕

以周案：

爲父三年，非三年也。三年之喪，再期也，加隆爲爾也。至親以期斷，故服母以期，十三月而祥，十五月而禫，方之伯叔父母，又加

〔註9〕　〔漢〕鄭玄注、〔唐〕孔穎達疏：〈喪服小記〉，《禮記正義》：「親親、尊尊、長長，男女之有別，人道之大者也。」，卷32，頁591。

〔註10〕　同上注：「此一經廣明五服之輕重，隨人之親疏，著服之節。『親親以三』者，以上親父，下親子，并己爲三，故云『親親以三』。『爲五』者，又以父上親祖，以子下親孫，鄉者三，今加祖及孫，故言五也。『以五爲九』者，已上祖下孫則是五也，又以曾祖故親高祖，曾孫故親玄孫，上加曾高二祖，下加曾玄兩孫，以四籠五，故爲九也。」，卷32，頁591。

〔註11〕　〔漢〕鄭玄注、〔唐〕孔穎達疏：〈郊特性〉，《禮記正義》，卷26，頁504。

〔註12〕　〔清〕黃以周撰、王文錦點校：《禮書通故》，頁308～309。

三月矣，而其心喪未嘗不三年也。爲父者達其子之心，必三年而後娶。或說服以表哀，服斷以期，而猶爲心喪，斯亦僞而已矣。抑知服其服而無其心，斯爲僞，除其服而心猶喪，正以存其誠也，奚僞焉。方望溪云：「父在爲母期，所以達父之情而非子之情有所殺，便父之事而于子之事無所變也。」〔註13〕

案：黃以周引《儀禮·喪服》：「爲父何以斬衰也？父至尊也。」〔註14〕《儀禮·喪服》：「斬衰先言斬者，一則見先斬其布，乃作衰裳；二則見爲父極哀，先表斬之深重。此齊衰稍輕，直見造衣之法。衰裳既就，乃始緝之，是以斬衰，斬在上，齊衰，齊在下。」〔註15〕《禮記·雜記》：「縣子云：『三年之喪如斬，期之喪如剡。』謂哀有深淺，是斬者痛深之義，故云斬也。」〔註16〕三段引文來論述「爲父斬衰、爲母齊衰」之義涵。並指出「唐制，父在服母亦齊衰三年；明《孝慈錄》記載父母之服皆斬」。於以周案語，則引《儀禮·喪服》：「然則何以三年也？言法此變易，可以期，何以乃三年爲？曰：加隆焉爾也。爲使倍之，故再期也。言於父母加隆其恩，使倍期也。」〔註17〕說明服喪三年之所由來；並引《儀禮·喪服》：「至親以期斷。是何也？曰：天地則已易矣，四時則已變矣，其在天地之中者，莫不更始焉，以是象之也。」〔註18〕來說明「至親以期斷」之由來；又引《禮記·雜記》：「期之喪，十一月而練，十三月而祥，十五月而禫。此謂父在爲母也。」〔註19〕來說明「服母以期」之原由；又引《儀禮·喪服》：「《傳》曰：『何以期也？屈也。至尊在，不敢伸其私尊也。父必三年然後娶，達子之志也。』」〔註20〕來

〔註13〕 同上注，頁 309。

〔註14〕 〔漢〕鄭玄注、〔唐〕賈公彥疏：〈喪服〉：「釋曰：『周公設經，上陳其服，下列其人，即此文。父已下是爲其人服上之服者也。先陳父者，此章恩義并設，忠臣出孝子之門，義由恩出，先言父也。……故傳曰：『爲父何以斬衰也？父至尊也』者，言何以者，問比例，以父母恩愛等，母則在齊衰，父則入於斬，比並不例，故問何以斬，不齊衰。答云父至尊者，天無二日，家無二尊，父是一家之尊，尊中至極，故爲之斬也。』」見《儀禮注疏》，卷 29，頁 346。

〔註15〕 同上注，《儀禮注疏》，卷 30，頁 352。

〔註16〕 同注 11，《禮記正義》，卷 42，頁 740。

〔註17〕 同注 14，《儀禮注疏》，卷 28，頁 337。

〔註18〕 同上注。

〔註19〕 〔漢〕鄭玄注、〔唐〕孔穎達疏：《禮記正義》，卷 42，頁 741。

〔註20〕 同注 18，《儀禮注疏》，卷 30，頁 354。

說明「爲父者達其子之心，必三年而後娶」之意。最後引述方望溪之言，強調〈喪服〉所陳，其理深遠，《儀禮・喪服》云：「凡喪服，所以表哀，哀有盛時、殺時，服乃隨哀以降殺。」〔註21〕足證黃以周博採眾論，詮釋古禮古制之用心。

（二）〈喪服通故〉第223條

> 《傳》：「苴杖竹，削杖桐。」《變除禮》：「削杖削之使下方者，取母象于地故也。」王肅云：「削爲四方。」杜預云：「員削之象竹。」司馬光云：「削杖，上員下方。」〔註22〕

以周案：

> 杖各齊其心，其大如絰。絰圓杖亦圓。竹圓物，桐用把桐，亦圓物也。削者，謂去其皮，非削之使方。苴削互文。竹杖曰苴，明桐杖之削而白也；桐杖曰削，明竹杖留其青黑之皮不去也。凡杖必圓乃便手持，故用桐竹。《變除禮》謂削桐使下方，已失經意。聶氏《圖》桐杖全身皆方，更謬。〔註23〕

又案：

> 桐竹二杖，齊斬之別也。〈問喪〉篇「爲父苴杖，爲母桐杖」，以斬齊分言之，父母字不可泥。疏家謂杖父竹圓象天，杖母桐方象地，則母爲長子桐杖又何義乎？古人止有竹桐兩杖，俗說夫妻相杖用半槐，尤屬不經。〔註24〕

案：黃以周引《禮記・喪服小記》：「然杖有苴、削異者。苴者，黯也。夫至痛內結，必形色外章，心如斬斫，故貌必蒼苴，所以衰裳絰杖，俱備苴色也。必用竹者，以其體圓性貞，履四時不改，明子爲父禮中痛極，自然圓足，有終身之痛故也。故斷而用之，無所厭殺也。削，殺也，削奪其貌，不使苴也。必用桐者，明其外雖被削，而心本同也，且桐隨時凋落。此謂母喪，示外被削殺，服從時除，而終身之心當與父同也。」〔註25〕來論述「苴杖竹，削杖桐」之義涵；並引王肅（195～256）、杜預（222～285）、司馬光

〔註21〕　同注18，《儀禮注疏》，卷28，頁342。
〔註22〕　〔清〕黃以周撰、王文錦點校：《禮書通故》，頁430。
〔註23〕　同上注，頁430～431。
〔註24〕　同上注，頁431。
〔註25〕　同注19，《禮記正義》，卷32，頁590。

（1019～1086）〔註26〕等人對削杖形狀之解析；又引《變除禮》所述「削杖」形貌之取義。於以周案語，則引《禮記・問喪》云：「『竹、桐一也』，言爲父竹，爲母桐，孝子之意，其義一也。言孝子奉親用心是一，但取義有異，故竹、桐而殊也。」〔註27〕；又引《儀禮・喪服》：「然爲父所以杖竹者，父者子之天，竹圓亦象天，竹又外內有節，象子爲父，亦有外內之痛。又竹能貫四時而不變，子之爲父哀痛亦經寒溫而不改，故用竹也。爲母杖桐者，欲取桐之言同，內心同之於父，外無節，象家無二尊，屈於父。爲之齊衰，經時而有變。」〔註28〕來闡述「爲父苴杖，爲母桐杖」之用意。於以周案語中，指摘《變除禮》謂削桐使下方，已失經之本意，聶氏《圖》桐杖全身皆方，是荒謬之論。

　　綜合上述，可知我國最早記錄「喪服制度」之古籍，就是《儀禮》和《禮記》。《禮書通故》〈喪服通故〉詮釋我國古禮中之「喪服制度」，詳實透闢，足以彰顯儒家人倫思想與宗法思想。

表六：〈喪服通故〉徵引古籍一覽表

〈喪服通故〉所徵引古籍，表列如下：

徵引書名	《周易》	《尚書》	《周禮》	《儀禮》	《禮記》
採擇次數	1	1	3	99	100
徵引書名	《左傳》	《公羊傳》	《穀梁傳》	《大戴禮》	《論語》
採擇次數	8	3	4	7	1
徵引書名	《孟子》	《荀子》	《爾雅》	《莊子》	《史記》
採擇次數	3	1	3	1	1
徵引書名	《漢書》	《石渠論》	《素問》	《五經異義》	《白虎通義》
採擇次數	1	8	1	3	6

〔註26〕　〔宋〕司馬光撰：〈五服制度〉，《書儀》：「爲母杖，上圓下方。」，頁496。

〔註27〕　同註25，〈喪服小記〉：「『故爲父苴杖，苴杖，竹也』者，父是尊極，故爲之苴杖。言苴惡之物以爲杖，自然苴惡之色唯有竹也，故云『苴杖，竹也』。『爲母削杖，削杖，桐也』，言爲母屈於父，不同自然苴惡之色也，故用削杖。其杖雖削，情同於父，故云『削杖，桐也』。『桐』，爲是同父之義，故不用餘木也。或解云：『竹節在外，外，陽之象，故爲父矣；桐節在內，內，陰之類也，故爲母也。』」見《禮記正義》，卷35，頁947。

〔註28〕　〔漢〕鄭玄注、〔唐〕賈公彥疏：〈喪服〉，《儀禮注疏》，卷28，頁340。

徵引書名	《廣雅》	《方言》	《釋名》	《三禮圖》	《儀禮喪服馬王注》
採擇次數	2	1	1	1	3
徵引書名	《晉書》	《梁書》	《喪服要記》	《三禮義宗》	《禮記熊氏義疏》
採擇次數	2	1	4	1	1
徵引書名	《通典》	《唐開元禮》	《新唐書》	《書儀》	《儀禮經傳通解》
採擇次數	7	4	2	1	3
徵引書名	《續通解》	《儀禮集釋》	《宋禮志》	《宋政和禮》	《喪服後傳》
採擇次數	2	4	1	1	1
徵引書名	《通志》	《禮書》	《儀禮集說》	《家禮儀節》	《明孝慈錄》
採擇次數	2	2	25	2	2
徵引書名	《建元以來朝野雜志》	《欽定義疏》	《儀禮鄭注句讀》	《九族考》	金氏《禮箋》
採擇次數	1	2	1	1	2
徵引書名	《儀禮正義》	任氏《釋例》	《儀禮集編》	《禮記通解》	《讀儀禮私記》
採擇次數	8	1	6	3	2
徵引書名	《中庸補註》	《喪服文足徵記》	《學禮質疑》	《群經平議》	《禮書綱目》
採擇次數	2	4	2	1	1
徵引書名	《三禮陳數求義》	《禮經釋例》	《五禮通考》	《儀禮析疑》	《讀禮通考》
徵引書名	4	1	2	2	10
徵引書名	《說文段注》	《儀禮管見》	《學禮管釋》	《儀禮小疏》	《喪服會通說》
採擇次數	5	1	1	1	1
徵引書名	《儀禮圖》	《経帶圖》	《五服圖》		
採擇次數	2	2	1		

　　上列表格所述，〈喪服通故〉全篇 228 條，共徵引 73 種古籍，來詮釋經籍中之古禮古制。茲略述如下：

　　1. 在十三經方面，包括《周易》、《尚書》、《三禮》、春秋《三傳》、《論語》、《孟子》等十經。其中以《儀禮》與《禮記》徵引之次數佔 199

條，足證我國傳統喪服禮制以《儀禮》與《禮記》二書記載最為詳實。

2. 在史書方面，徵引《史記》、《漢書》、《晉書》、《梁書》、《新唐書》、《通典》、《鄭志》等書。其中《鄭志》即宋代鄭樵《通志》。

3. 在禮經方面，徵引漢代戴聖《石渠論》、班固《白虎通義》、王肅《儀禮喪服馬王注》；魏朝賀循《喪服要記》；南朝宋崔靈恩《三禮義宗》；北齊熊安生《禮記熊氏義疏》；宋代陳祥道《禮書》、司馬光《書儀》、朱熹《儀禮經傳通解》、黃榦、楊復撰《續通解》〔註29〕、李如圭《儀禮集釋》、沈括《喪服後傳》；元代敖繼公《儀禮集說》；明代邱濬《家禮儀節》、張爾岐《儀禮鄭注句讀》；清代戴東原《中庸補註》、盛世佐《儀禮集編》、郝敬《禮記通解》、江筠《讀儀禮私記》、俞樾《九族考》、任氏《釋例》即任大椿《弁服釋例》、徐乾學《讀禮通考》、胡培翬《儀禮正義》、金榜《金氏禮箋》、凌廷堪《禮經釋例》、萬斯大《學禮質疑》、程瑤田《喪服文足徵記》、王引之《群經平議》、江永《禮書綱目》、林喬蔭《三禮陳數求義》、凌廷堪《禮經釋例》、秦蕙田《五禮通考》、方苞《儀禮析疑》、段玉裁《說文段注》、褚寅亮《儀禮管見》、夏炘《學禮管釋》、沈彤《儀禮小疏》、吳家賓《喪服會通說》等書。

4. 在禮制方面，徵引《唐開元禮》、《宋禮志》、《宋政和禮》、《建炎以來朝野雜志》《欽定義疏》、《明孝慈錄》、《家禮儀節》等書。其中《建炎以來朝野雜志》即李心傳所撰《建炎以來朝野雜誌》。《家禮儀節》即明代邱濬（邱瓊山）撰，是書取世傳朱子《家禮》而損益以當時之制。《大唐開元禮》、《北宋政和禮》、《明孝慈錄》、《清通禮》並稱中國古代「四大禮制」。

5. 在訓詁文字形、音、義方面，徵引《五經異義》、《釋名》、《爾雅》、《方言》、《廣雅》、《說文段注》等書。其中東漢劉熙撰《釋名》，是一部專門探求事物名源的佳作；三國魏時張揖撰《廣雅》，書中收錄《爾雅》未收錄的許多詞語，其中包括漢魏以前經傳子史的箋注，以及《三

〔註29〕 宋代朱熹《儀禮經傳通解》，生前並未完成，由其弟子黃榦續撰《喪禮》、《祭禮》，然黃榦撰《祭禮》僅成草稿，楊復先是整理草稿為十三卷，後經十數年努力，重新撰成楊復先是整理草稿為十三卷，稱為《儀禮經傳通解續卷祭禮》，簡稱《續通解》。

蒼》、《方言》、《說文》等字書當中的訓詁，提供後人考證周秦兩漢的古詞、古義等彌足珍貴的資料。《釋名》與《爾雅》、《方言》、《說文解字》歷來被視爲漢代四部重要的訓詁學著作，在訓詁學史上具有較高的學術價值。

6. 在人體形氣方面，徵引《莊子・庚桑楚》與《素問》二書。《素問》即《黃帝內經素問》之簡稱。於〈喪服通故〉第 171 條，徵引《莊子・庚桑楚》與《素問・調經論》二篇，論述喪服開領之寬廣，隨人之肥瘠而爲之。

7. 在圖式方面，徵引漢代阮諶《三禮圖》；清代張惠言《儀禮圖》、楊信齋《絰帶圖》、聶崇義《五服圖》等書。

綜合上述，可知〈喪服通故〉所徵引之古籍內容宏富，以《儀禮》與《禮記》徵引之次數居多。並徵引歷代經學家、文字學家，包括：

孔子、孟子、戴德、戴聖、鄭玄、馬融、戴德、劉歆、何休、徐彥、杜預、趙岐、崔靈恩、皇侃、王肅、賈公彥、孔穎達、杜佑、歐陽修、陳祥道、吳澄、沈彤、徐堅、司馬光、朱熹、黃勉齋（黃榦）、楊復、李如圭、邱瓊山、蔣濟、杜布、程瑤田、黃潤玉、陸佃、王廷相、劉昭、劉世明、魏休寧、呂大臨、李膺、金榜、江筠、吳廷華、張柬之、劉貢父、戴謐、吳紱、胡培翬、萬斯大、萬斯同、徐邈、蕭大傅、呂坤、姜宸英、江永、江熙、袁準、沈括、盛世佐、段暢、郝敬、凌曉樓、黃勉齋、敖繼公、譙周、賀循、熊安生、林喬蔭、徐乾學、秦蕙田、阮元、虞喜、邵鄗、王敞、淩次仲、劉表、劉智、劉寶、蔡謨、杜琬、方苞、王仲丘、孔瑚、雷次宗、王彪之、夏炘、張爾岐、段懋堂、褚搢升、李苕、李涪、魏仁浦、劉玢、胡墨莊、戴東原、張惠言、范甯、胡竹村、甄鸞、俞蔭甫、閻若璩、聶崇義、楊信齋、王引之、李淳風、廖西仲、徐堅、凌曉樓等學者之解說。足證黃以周博覽群書，善於旁徵博引，詮釋古代喪服制度，詳實透闢。所徵引之古籍，含蘊經、史、子、集等書，具有闡揚古禮古制之文獻價值。

二、闡述名物制度，圖文相輔

黃侃在〈禮學略說〉一文云：「禮例不明，則如治絲而棼，入山而迷塗。禮例明，則其經緯、塗徑，固井井不亂也。學者考之以圖，審之以例，則禮文同異，與夫詳略、隆殺之故，始可了然于心；而先哲制禮之意，雖歷經千

載而猶有可窺見者，庶幾免於輕議禮之失也已。」〔註30〕說明研究古代禮學禮制，必須參照禮例、禮圖之解析，循圖解經，可收事半功倍之效。

《禮書通故》全書闡述我國古代名物制度，除義理之闡釋外，並附加各種禮節圖〔註31〕（包括：冠禮、昏禮、相見禮、鄉飲禮、鄉射禮、燕禮、大射禮、聘禮、食禮、覲禮、喪禮、既夕禮、虞禮、特牲禮、少牢禮、徹禮等）、名物圖〔註32〕（包括：宮、服、玉、節、尊、樂、射、鼓、旗、兵、車、喪服、喪器等），參酌古籍古禮重新詮釋，使研讀此書之學者，能深入理解古代禮儀制度、名物制度。依據《禮書通故》〈敍目〉之敍述：

> 《易》曰辯物，《語》曰正名，尊彝鼎俎，設廟陳庭。圭璋符節，遣使發令。球象竹魚，書思對命。制器尚象，思索時文。述〈名物通故〉第四十七。〔註33〕

黃以周引《周易・繫辭下》：「辨物正言，斷辭則備矣。」〔註34〕來論述有明辨之物象，有周證之言論，有決斷之文辭，如此萬物萬事之理均具備。引《論語・子路》孔子曰：「必也正名乎！」〔註35〕說明「正百事之名」之重要。對於廟宇宮殿「尊彝鼎俎」之百設、朝廷遣使發令「圭璋符節」之制度，引《儀禮・士喪禮》論述天子與文武百官上朝所持「書思對命」〔註36〕之笏，有「球象竹魚」〔註37〕之異，引《周易・繫辭上》「以制器者尚其象」〔註38〕說明聖人觀象而深入其原理，再以其理發用而制作器具，因此撰述〈名物通故〉，以探索古代之名物制度。《禮書通故》全書共分五個章節二百三十三條，來闡述

〔註30〕黃侃著：《黃侃論學雜著》，頁468。

〔註31〕〔清〕黃以周撰、王文錦點校：〈禮節圖〉，《禮書通故》，頁2088～2256。

〔註32〕同上注：〈名物圖〉，頁2257～2712。

〔註33〕同上注，頁2721。

〔註34〕〔魏〕王弼、〔晉〕韓康伯注〔唐〕孔穎達：〈易繫辭下〉：「辨物正言者，謂辨天下之物，各以類正定言之，若辨健物正言，其龍若辨，順物正言，其馬是辨，物正言也。斷辭則備矣者，言開而當名，及辨物正言。凡此二事，決斷於爻卦之辭，則備具矣。」見《周易正義》，卷8，頁172。

〔註35〕〔魏〕何晏集解，〔宋〕邢昺疏：《論語注疏》，卷13，頁115。

〔註36〕〔漢〕鄭玄注、〔唐〕賈公彥疏：〈喪服〉：「『笏所以書思對命』者，亦《玉藻》文。」見《儀禮注疏》，卷35，頁414。

〔註37〕〔漢〕鄭玄注、〔唐〕孔穎達疏：〈玉藻〉：「笏，天子以球玉，諸侯以象，大夫以魚須文竹，士以竹本象可也。」見《禮記正義》，卷30，頁559。

〔註38〕同注33：〈易繫辭下〉：「易有聖人之道四焉，以言者尚其辭，以動者尚其變，以制器者尚其象，以卜筮者尚其占。……以制器者尚其象者，謂造制形器法其爻卦之象。」見《周易正義》，卷7，頁154。

古代之名物制度。茲舉〈名物通故〉為例，說明《禮書通故》闡述名物制度，圖文相輔之文獻價值。

（一）〈名物通故〉第 171 條

> 聶崇義云：「鄭注《周禮》及《禮記》云：豆以木為之，受四升，口圓，徑尺二寸，有蓋。注〈籩人〉及〈士虞禮〉云：籩以竹為之，口有籐緣，形制如豆，亦受四昇，有巾。《儀禮‧鄉射》，脯長尺二寸，橫于籩上。」〔註39〕

以周案：

> 《禮》注無豆口圓徑尺二寸之語，聶氏蓋以籩豆大小相等，而〈鄉射〉有「脯橫籩上」之文，遂定豆口之尺二寸也。考〈鄉飲記〉注云：「《鄉射禮》胾長尺二寸。〈曲禮〉以脯脩置者，左朐右末。」疏云：「〈曲禮〉注：『屈中曰朐』。胾脯長尺二寸，其橫于籩上者屈中，止長六寸。」此說雖未盡然，曰橫于上，則其口必小矣。〔註40〕

又案：

> 對文，豆以木，籩以竹；通言之，籩亦稱豆。《爾雅》「木豆謂之豆，竹豆謂之籩，瓦豆謂之登」，是籩豆均有豆名也。籩有豆名，故〈腊人〉曰「共豆脯」，豆謂籩。登有豆名，故《大戴記》曰「豆之先大羹」，豆謂登。〔註41〕

案：黃以周引聶崇義鄭注《周禮》及《禮記》論述「豆、籩」之形狀與長度、寬度。於案語中引《周禮‧天官冢宰‧腊人》〔註42〕、《周禮‧冬官‧考工記下》〔註43〕、《儀禮‧鄉射禮》〔註44〕、《儀禮‧士虞禮》〔註45〕、《禮記‧曲

〔註39〕　〔清〕黃以周撰、王文錦點校：《禮書通故》，頁 1965。

〔註40〕　同上注，頁 1965～1966。

〔註41〕　同上注，頁 1966。

〔註42〕　〔漢〕鄭玄注、〔唐〕賈公彥疏：〈天官‧冢宰〉：「腊人掌乾肉，凡田獸之脯腊膴胖之事。……凡祭祀，共豆脯，薦脯、膴、胖，凡腊物。」見《周禮注疏》，卷 4，頁 66～67。

〔註43〕　同上注：〈冬官‧考工記下〉：「瓬人為簋，實一觳，崇尺，厚半寸，脣寸，豆實三而成觳，崇尺。……曰體圓，木器而圓，簋象也。是以知以木為之，宗廟用之。若祭天地外神等，則用瓦簋。」見《周禮注疏》，卷 41，頁 636。

〔註44〕　〔漢〕鄭玄注、〔唐〕賈公彥疏：〈鄉射禮〉：「薦，脯用籩，五臟，祭半，胾橫于上。醢以豆，出自東房。胾長尺二寸。」見《儀禮注疏》，卷 13，頁 146。

〔註45〕　同上注：〈士虞禮〉，《儀禮注疏》：「豆實，葵菹，菹以西嬴醢。籩，棗烝，栗

禮》〔註46〕、《爾雅》〔註47〕等古籍說明「豆、籩」之形狀與用途。綜合諸家說法，可見「豆、籩」是供祭祀燕饗盛祭品之禮器。因時代久遠，古代文物，或以失傳，因此參照《禮書通故》第四十九〈名物圖二〉所搜集古代「豆、籩、登、簠、簋」等之圖像（頁 2472～2477），以爲佐證。

（二）〈名物通故〉第 199 條

許慎曰：「龠，樂之竹管，三孔，以和眾聲也。」今作「籥」。鄭玄云：「籥如篴，三孔。」《毛詩傳》籥六孔，《廣雅》籥七孔。郝懿行云：「其施于吹以和樂者三孔，如笛而短。其施于舞所執者則六孔，當如笛而長。《風俗通》引〈樂記〉云：「笛長一尺四寸，七孔」〈簡兮〉釋文云『籥，長三尺，執之以舞』，是也。」〔註48〕

以周案：

謂吹籥、舞籥有長短可也；吹三孔，舞六孔、七孔，何據？〔註49〕

案：黃以周引許慎《說文解字》〔註50〕；引《周禮・春官・籥師》：「籥師掌教國子舞羽龡籥。文舞有持羽吹籥者，所謂籥舞也。」〔註51〕；引《郝懿行（1757～1825）解析「其施于吹以和樂者三孔，如笛而短。其施于舞所執者

擇。棗烝栗擇，則菹刊也。棗烝栗擇，則豆不揭，籩有籐也。」見《儀禮注疏》，卷 42，頁 501。

〔註46〕　〔漢〕鄭玄注、〔唐〕孔穎達疏：〈曲禮〉，《禮記正義》，卷 2，頁 39。

〔註47〕　〔晉〕郭璞注、〔宋〕邢昺疏：〈釋器〉：「豆，禮器也。釋曰：『又《禮圖》云：『口圓，徑尺，黑膝，飾朱，中大夫以上畫以雲氣，諸侯以象，天子以玉。』皆謂飾其豆口也。然則豆者，以木爲之，高一尺，口足徑一尺，其足名鐙。中央直豎者名校，校徑二寸。總而言之名豆。豆實四升，用荐菹醢。《周禮》『醢人掌四豆之實，朝事之豆，其實韭菹醓醢』之類是也。其飾則三代不同。』……籩亦禮器。釋曰：案鄭注〈籩人〉及〈士虞禮〉云：『籩以竹爲之，口有籐緣，形制如豆，亦受四升，盛棗栗桃梅菱芡脯脩膴鮑糗餌之屬。』是也。亦祭祀享燕所用，故云『亦禮器』……釋曰：『對文則木曰豆，瓦曰登，散則皆名豆，故：云瓦豆謂之登。』」見《爾雅注疏》，卷 5，頁 75。

〔註48〕　〔清〕黃以周撰、王文錦點校：《禮書通故》，頁 1982。

〔註49〕　同上註。

〔註50〕　〔清〕段玉裁：《說文解字注》，頁 85。

〔註51〕　〔漢〕鄭玄注、〔唐〕賈公彥疏：〈春官宗伯下・籥師〉：「釋曰：此籥師掌文舞，故教羽籥。若武舞，則教干戚也。故云『文舞有持羽吹籥者』也。云『所謂籥舞也』者，所謂《詩頌》籥舞笙鼓，彼亦文舞也。《文王世子》曰：『秋冬學羽籥。』彼對『春夏學干戈』，陽時之，法陽動。秋冬學羽籥，陰時學之，法陰靜。《詩》云『左手執籥，右手秉翟』者，《邶風・簡兮》之篇。引此二文者，證皆文舞所執之器也。」見《周禮注疏》，卷 24，頁 367。

則六孔，當如笛而長。」引《毛詩・邶風・簡兮》：「左手執籥。」〔註 52〕等來論述籥之形狀與用途。由《周禮・春官宗伯下・籥師》與《毛詩・邶風・簡兮》所述，可知「籥」專指「舞籥」而言。但《周禮・春官宗伯下・笙師》：「笙師掌教龡竽、笙、塤、籥、簫、篪、簧、管，舂牘、應、雅，以教祴樂。」〔註 53〕與許慎《說文解字》之所述，可知「籥」專指樂器「吹樂」而言。總而言之，從經典文獻之所述，可見「籥」於古代有兩種義涵：「舞籥」與「吹籥」。至於「籥」之形狀「三孔、七孔」則各家說法有別。可參照《禮書通故》第四十九〈名物圖三〉古代樂器圖「篪、籥、簧」（頁 2546），以為佐證。

（三）〈名物圖〉二

> 登，《儀禮》〈公食大夫〉、〈士虞〉、〈特牲〉、〈有司徹〉俱作「鐙」，《說文》作「䇺」。《毛傳》云：「木曰豆，瓦曰登。」〈考工記〉旊人為瓦豆。實四升，高一尺，空徑二寸，厚半寸。〔註 54〕

案：黃以周引《儀禮・公食大夫》：「大羹湇音不和，實於鐙。宰右執鐙，左執蓋，由門入，升自阼階，盡階，不升堂，授公，以蓋降，出，入反位。」〔註 55〕，但查考《儀禮》〈士虞〉、〈特牲〉、〈有司〉等篇，皆未見「登」，作「鐙」之敘述。又引《說文解字注》：「登，禮器也。从廾，持肉在豆上。讀若鐙同。」〔註 56〕、《說文解字注》：「《禮記・祭統》：『夫人薦豆執校，執醴授之執鐙。』鄭玄注：『鐙，豆下跗也。……祀天用瓦豆，陶器質也。然則瓦

〔註 52〕〔漢〕毛亨傳、〔漢〕鄭玄箋〔唐〕孔穎達疏：〈邶風・簡兮〉：「〈釋樂〉云：『大籥謂之產。』郭璞曰：『籥如笛，三孔而短小。』《廣雅》云：『七孔。』鄭於《周禮・笙師》及〈少儀〉、〈明堂位〉注皆云「籥如笛，三孔」。此傳云六孔，與鄭不同，蓋以無正文，故不復改。」見《毛詩正義》，卷 2（2 之 3），頁 100。

〔註 53〕同注 50，〈春官宗伯下・笙師〉：「鄭司農云：『篪，七空。』……杜子春讀篴為蕩滌之滌，今時所吹五空竹笛。玄謂籥如笛，三空。……《廣雅》云：『篪，以竹為之，長尺四寸，八孔，一孔上出寸三分。』《禮圖》云：『篪，九空。』司農云七空，蓋寫者誤，當云八空也。或司農別有所見。」見《周禮注疏》，卷 24，頁 366。

〔註 54〕〔清〕黃以周撰、王文錦點校：《禮書通故》，頁 2475。

〔註 55〕〔漢〕鄭玄注〔唐〕賈公彥疏：〈公食大夫禮〉：「大羹湇音，煮肉汁也。大古之羹不和，無鹽菜。瓦豆謂之鐙。宰謂大宰，宰夫之長也。」見《儀禮注疏》，卷 25，頁 303。

〔註 56〕〔清〕段玉裁：《說文解字注》：「登、鐙皆假借字。劉氏臺拱曰：『《詩》、《爾雅》皆作登，《釋文》、《唐石經》篇韻皆無登字。』」，頁 210。

豆用於祭天，廟中之鐙，范金爲之，故其字从金。」〔註57〕並引《毛傳》云：「木曰豆，瓦曰登。」〔註58〕來說明登之形式與用途，讓後代研究者能按圖索驥，而不會有望文生義之疏失。

（四）〈名物圖〉二

簠簋之簋，古彝器有匭、朹等十餘體，並不用從竹之簋，以盛黍稷之器本用木、不用竹也。秦漢以後，匭、朹之文爲簋所奪，而方圓之稱遂淆。鄭注乃以木簋圓、竹簠如簋而方分別言之，其說甚正。《說文》例宗小篆，以簋爲正文，自應用竹簋爲本義，而以爲方器，簋方而簠圓矣。此兩漢師說之異也。魏晉以後，因師說方圓之互異，遂有內方外圓、內圓外方之分，此調停之說，無足深求。然其說已舊，今附存之，說詳前。〔註59〕

案：《周禮・地官・舍人》：「凡祭祀，共簠簋，實之，陳之。」鄭玄注：「方曰簠，圓曰簋。盛黍稷稻粱器。」〔註60〕於《周禮・秋官・掌客》：「簠十……簋十有二。」鄭玄注：「簠，稻粱器也。」又：「簋，黍稷器也。」〔註61〕按《詩・秦風・權輿》：「於我乎，每食四簋。」《毛傳》：「四簋，黍稷稻粱。」〔註62〕《禮記・玉藻》：「朔月，少牢五俎，四簋。」鄭玄注：「朔月四簋，則日食粱稻各一簋而已。」〔註63〕根據《毛傳》及〈玉藻〉鄭玄注，則可知「簋」是盛黍稷盛稻粱之器具，而「簋、簠」統言之，均可稱簋。《說文》：「簠，黍稷方器也。」「簋，黍稷圓器也。」〔註64〕與鄭玄「簋圓、簠方」之說法相反。《說文》：「古文簋或从軌。朹亦古文簋。」〔註65〕按今所見古青銅器，簋爲圓形；簠爲方形，與鄭玄說法相同。由上述說明，可知簋之形式與用途，讓後代研究者能按圖索驥，而不會有望文生義之疏失。

〔註57〕〔清〕段玉裁：《說文解字注》，頁712。

〔註58〕〔漢〕毛亨傳、〔漢〕鄭玄箋〔唐〕孔穎達疏：〈大雅・生民〉：《毛詩正義》，卷17，頁596。

〔註59〕同註54，頁2478。

〔註60〕〔漢〕鄭玄注、〔唐〕賈公彥疏：〈地官・舍人〉，《周禮注疏》，卷16，頁252。

〔註61〕同上注，〈秋官・掌客〉，《周禮注疏》，卷38，頁583。

〔註62〕〔漢〕毛亨傳、〔漢〕鄭玄箋〔唐〕孔穎達疏：〈秦風・權輿〉：《毛詩正義》，卷6，頁246。

〔註63〕〔漢〕鄭玄注、〔唐〕孔穎達疏：《禮記正義》，卷29，頁545。

〔註64〕〔清〕段玉裁：《說文解字注》，頁195～196。

〔註65〕同上注，頁196。

（五）〈名物圖〉三

> 箎本作𥰡。《爾雅》：「大箎謂之沂。」郭注云：「箎，以竹爲之，長
> 尺四寸，圍三寸，一孔上出三分，名曰翹，橫吹之。小者尺二寸。」
> 案：箎，〈笙師〉先鄭注云七孔，《廣雅》云八孔，〈月令章句〉云六
> 孔，《舊禮圖》云九孔，《風俗通》又云十孔。〔註66〕

案：郭璞《爾雅》注「箎」之形貌〔註67〕有一孔、六孔、七孔、八孔、九孔、
十孔之別。於《禮書通故》〈名物圖〉三，所收錄「箎」之形狀，與《廣雅》
云「八孔」相同。

（六）〈名物圖〉三

> 籥，〈笙師〉鄭注、〈釋樂〉郭注並云如箎，三孔。《毛詩傳》云六空，
> 《廣雅》云七孔。或器有大小，或所傳異也。〔註68〕

案：郭璞《爾雅》注解「籥」，引《周禮・笙師》云三孔、《毛詩傳》云六孔，
《廣雅》云七孔。〔註69〕說明「籥」之形狀，有三孔、六孔、七孔之差別。
於《禮書通故》〈名物圖〉三，所收錄「籥」之形狀，與《周禮・笙師》云「三
孔」相同。

（七）〈名物圖〉三

> 篴音笛。〈笙師〉杜注云五孔。《陳禮書》云：「馬融〈笛賦〉稱此器
> 出羌，笛舊四孔，京房加一孔，以備五音。《風俗通》曰：『漢武帝
> 時，丘仲作笛，長尺四寸。』謂尺四寸者，丘仲所作耳。後世有長
> 笛，有短笛，有羌笛，有七孔者，有八孔者。」〔註70〕

案：段玉裁：《說文解字注》注解「篴」，引《周禮・笙師》云五孔、馬融〈笛
賦〉云四孔、《風俗通》云七孔、八孔。〔註71〕說明「篴」之形狀，有四孔、
五孔、七孔、八孔之差別。於《禮書通故》〈名物圖〉三，所收錄「籥」之形
狀，與《周禮・笙師》云「五孔」相同。

　　綜合上述，可見黃以周闡述古代禮樂制度，除旁徵博引，並附以圖表以

〔註66〕〔清〕黃以周撰、王文錦點校：《禮書通故》，頁 2547。
〔註67〕〔晉〕郭璞注、〔宋〕邢昺疏：〈釋樂〉，《爾雅注疏》，卷 5，頁 82。
〔註68〕同註 66，頁 2547。
〔註69〕同註 67，頁 82～83。
〔註70〕同註 66，頁 2547。
〔註71〕〔清〕段玉裁：《說文解字注》，頁 199～200。

為其解說之佐證。此種圖文相輔之撰述方法，對於古典文獻之傳承頗有價值，使研讀此書之學者，能深入理解古代禮儀制度與圖像。黃以周撰寫《禮書通故》之用心，不僅振興儒家之禮秩文化，矯正宋明理學之流弊，更開啟後代研究名物制度、典章制度之學，亦促進近代科學技術知識之興起。

圖一：《禮書通故》〈名物圖二〉（頁 2472～2477）

豆　　　　　　　　　籩　　　　　　　　　登

簋　　　　　　　　　　　簠

圖二：《禮書通故》〈名物圖三〉（頁 2546～2547）

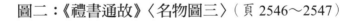

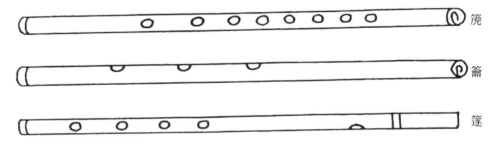

篴

籥

篪

第二節 訓詁經義文字

曾國藩在〈聖哲畫像記〉一文云:「先王之道,所謂修己治人,經緯萬彙者何歸乎?亦曰禮而已矣。秦滅書籍,漢代諸儒之所掇拾,鄭康成之所以卓絕,皆以禮也。」稱譽鄭玄遍注群經,且能將各經融會貫通,如:以《禮》注《易》,以《易》注《禮》、以《詩》注《禮》,以《禮》注《詩》等。因此范曄云:「鄭玄括囊大典,網羅眾家,刪裁繁誣,刊改漏失,自是學者略知所歸。」〔註72〕誠非虛言。

鄭玄運用訓詁、校勘、考證之方法來注解《三禮》,是經學史上重要成就,代表整個漢代經學之集大成,亦影響清代經學家以「訓詁小學」之方法來注解經書,更蔚成學術考據之風尚。皮錫瑞在《經學歷史》中,有云:

> 清朝經師有功於後學者……一曰通小學。古人之語言文字與今之語言文字異;漢儒去古未遠,且多齊、魯間人,其說經有長言、短言之分,讀為、讀若之例。唐人已不甚講,宋以後更不辨。故其解經,如冥行擿埴,又如郢書燕說,雖可治國,而郢人之意不如是也。小學兼聲音故訓。宋吳棫、明陳第講求古音,猶多疏失。顧炎武《音學五書》,始返于古。江、戴、段、孔,益加闡明。是為音韻之學。段玉裁《說文解字注》,昌明許慎之書。同時有嚴可均、鈕樹玉、桂馥,後有王筠、苗夔諸人,益加闡明。是為音韻兼文字之學。經師多通訓詁假借,亦即在音韻文字之中;而經學訓詁以高郵王氏念孫、引之父子為最精,郝懿行次之。是為訓詁之學。有功于後學者,又其一。〔註73〕

說明浩翰之經學古籍,歷經朝代與地域之變遷,所書寫之語言文字與後代迥然不同。必經由章句訓詁之方式,加以辨析,方不會有郢書燕說之現象產生。黃以周編纂《禮書通故》,強調漢、宋調和之必要性,因此亦重視漢學「無徵不信」之訓詁與考據二方法。在〈讀《漢藝文志》一〉云:

> 漢儒注經各守義例,故訓、傳說,體裁不同。讀《漢·藝文志》猶可攷見。故訓者,疏通其文意也。傳說者,徵引其事實也。故訓之體,取法《爾雅》;傳說之體,取法《春秋》。〔註74〕

〔註72〕 〔劉宋〕范曄:〈張曹鄭列傳〉,《後漢書》,卷35,頁1213。
〔註73〕 〔清〕皮錫瑞撰、周予同注:〈經學復盛時代〉,《經學歷史》,頁364~365。
〔註74〕 〔清〕黃以周:〈讀《漢藝文志》一〉,《史說略》(《儆季雜著》本),卷2,頁16。

在〈讀《漢藝文志》三〉又云：

> 凡解經之書，自古分二例，一宗故訓，一論大義。宗故訓者，其說
> 必精，而拘者爲之，則疑滯章句，破碎大道；論大義者，其趣必薄，
> 而蕩者爲之，則離經空談，違失本眞。博其趣如《孝經》、精其說如
> 《爾雅》，解經乃無流弊。《漢志》合而編之，乃所以示後世讀經之
> 法。惜今之講漢學、講宋學者，分道揚鑣，皆未喻斯意。〔註75〕

上述二段引文，黃以周說明解經之書有二種面向，一以考據訓詁詳實爲宗，
如《爾雅》長於訓詁經書文字；一以詮釋經書義理爲本，如《孝經》以博通
義理爲長。因此學者研究經學，應力求融會考據、義理之長，而達漢、宋調
和之目標，不可以有所偏執。黃以周在《經訓比義‧敘》云：「經者，聖賢所
以傳道也。經之有訓詁，所以明經而造乎道也。」〔註76〕足證黃以周治學主
張漢、宋兼采，訓詁義理相輔相成。依據《禮書通故》〈敘目〉之敘述：

> 六書之首，指事象形，形事兩窮，會意諧聲。形意相顧，轉注乃起，
> 意聲相轉，假借是以。六書之接，造字之本，四體二用，肊說不根。
> 依聲別類，分十九部，長言短言，去入同譜。述〈六書通故〉第四
> 十三。〔註77〕

黃以周說明「象形、指事、會意、諧聲、轉注、假借」六書爲古代造字之本。
而六書「四體二用」之說，是後人無根據之言論。根據元周德清撰《中原音
韻》，其音韻之例，以平聲分爲陰陽，以入聲配隸三聲，分爲十九部。可見黃
以周雖以禮學著稱，亦留意經籍舊注文字之形、音、義之演變。茲舉〈六書
通故〉爲例，說明《禮書通故》訓詁經義文字之學術價值：

一、融會各家注疏，訓詁經文

在《禮書通故》第四十三篇〈六書通故〉共徵引九十七條古籍經文，而
以《周禮》與《說文解字》之注疏居多，足證黃以周受鄭玄注解經書之影響，
對古籍注疏中音韻文字之訓詁，亦有深入之探究。

（一）〈六書通故〉第18條

鄭玄云：「〈士昏禮〉『當阿』，阿，棟也。入堂深，示親親。今文阿

〔註75〕〔清〕黃以周撰：〈讀《漢藝文志》三〉，《史說略》，卷2，頁19～20。
〔註76〕〔清〕黃以周：〈敘目〉，《經訓比義》，卷首，頁11。
〔註77〕〔清〕黃以周撰、王文錦點校：《禮書通故》，頁1702。

爲庪。」〔註78〕

以周案：

> 此今古文各自爲義者。注云「入堂深」，破今文也。近沈冠雲、程易
> 疇皆申今文說，以爲阿庪同物，非也。說詳〈昏禮門〉。〔註79〕

案：黃以周引《儀禮・士昏禮》：「主人以賓昇，西面。賓昇西階，當阿，東
面致命。主人阼階上北面再拜。」鄭玄注：「阿，棟也。入堂深，示親親。今
文阿爲庪。」〔註80〕以周案語闡明「入堂深」，破今文也，並駁斥沈冠雲、程
易疇今文說，是錯誤。此段引文與〈昏禮通故〉第八條爲文字互見之例。以
周案：

> 梁之曲處謂之阿。凡經中阿之義，訓爲曲。《説文》亦云：「阿，一
> 曰曲阜也。」殷人重屋四阿，亦謂用四曲梁。〔註81〕士大夫用夏屋
> 制，其曲梁中處正當棟，故鄭注訓當阿爲當棟。賓于曲梁當棟之處
> 致命，主人阼階上再拜，實退負序，遂從而南，主人鄉與客並而受，
> 故下曰：「授于楹間，南面。」〔註82〕今文阿作庪，則授受當在楹外
> 矣，故鄭注不從今文。〔註83〕

案：黃以周引《周禮・考工記・匠人》論述「殷人重屋四阿」，鄭玄注：「當
阿爲當棟。」又引《儀禮・士昏禮》，說明「今文阿作庪，則授受當在楹外矣，
故鄭注不從今文」之用意。可見黃以周對經傳文字之注疏，有深入之研究。

（二）〈六書通故〉第 87 條

> 〈輪人〉：「程長倍之，四尺者二，十分寸之一謂之枚。」故書十與
> 上二合爲二十字。杜子春云：「當爲四尺者二。十分寸之一。」賈公

〔註78〕 同上注。

〔註79〕 〔清〕黃以周撰、王文錦點校：《禮書通故》，頁 1702～1703。

〔註80〕 〔漢〕鄭玄注、〔唐〕賈公彥疏：〈士昏禮〉云：「〔釋曰：案〈鄉飲酒〉、〈聘禮〉
皆云『賓當楣』，無云『當阿』者，獨此云賓當阿，故云『示親親』也。」見
《儀禮注疏》，卷4，頁40。

〔註81〕 〔漢〕鄭玄注、〔唐〕賈公彥疏：〈冬官・考工記・匠人〉：「殷人重屋，堂脩
七尋，堂崇三尺，四阿，重屋。」鄭玄注：「重屋者，王宮正堂若大寢也。
其脩七尋，五丈六尺。放夏、周，則其廣九尋，七丈二尺也。五室各二尋。
崇，高也。四阿，若今四注屋。重屋，複笮也。」見《周禮注疏》，卷41，頁
643。

〔註82〕 同注 51。

〔註83〕 同注 50，頁 248。

彥云：「故書十與上二合爲廿字。」〔註84〕

以周案：

> 二十字謂廿也。《說文》：「廿，二十并也。」「合爲二十字」，謂故書
> 合二十兩字爲廿，故引杜說分之。段氏依疏言，改注二十字謂廿，
> 非是。或謂故書自作二十，但連續耳，斯說尤謬。故書不分讀，既
> 作二十字，注曰「杜子春讀四尺者二二句」足矣，何必迂迴其辭云
> 爾也。廿讀如入，疏謂一字爲兩讀，亦不足據。〔註85〕

案：黃以周引《周禮・考工記・輪人》論述杜子春、賈公彥對「二十字謂廿」
之注解〔註86〕。於以周案語，又引《說文》：「廿，二十并也。」並駁斥段玉
裁依疏言，改注二十字謂廿，是不正確。

二、廣搜古籍經注，創新條例

研讀〈六書通故〉之篇卷，可以發現除考據訓詁文字詳實外，在訓詁經
書義理上，黃以周提出創見。茲舉例說明，如下：

（一）〈六書通故〉第 13 條

> 鄭注參用今古文，無非取其當文易曉而已，古文多假借，今文每以
> 正字易之，正字易曉，故注從今文；其經典相承之假借亦易曉者，
> 故注兼從古文。視示分正俗，視字正易曉，登升皆假借，升行久，
> 亦易曉故也。近之治漢學者，字不分正借。動以難曉字易之，此大
> 惑矣。〔註87〕

指出鄭玄參用今古文，來注解《三禮》，是經學史上重要之成就。而其注解經
書文字之方法，是以當代易曉之文字來詮釋。

（二）〈六書通故〉第 17 條

> 許書多從古文，不錄今文，其有從今文字者，往往附見于注中，所
> 以廣異聞，省重體也。〔註88〕

指出《說文解字》多用古文來解析文字，今文字則附錄於注解中。

〔註84〕同注 50，頁 1727。
〔註85〕〔清〕黃以周撰、王文錦點校：《禮書通故》，頁 1728。
〔註86〕〔漢〕鄭玄注、〔唐〕賈公彥疏：〈冬官・考工記・輪人〉，《周禮注疏》，卷 39，
　　　　頁 602。
〔註87〕同注 85，頁 1698～1699。
〔註88〕同注 85，頁 1702。

（三）〈六書通故〉第 20 條

> 考舉乳之字有从古文本字者，……《説文》並載其字。若从古文假
> 借字以爲聲者，……初不取其本義。于借義明者既別著之，其借義
> 失者不復著錄，故《説文》有云从某聲而無其篆，皆假借久而失其
> 本義者也。〔註89〕

指出《説文解字》，所收錄之古字，有从某聲而無其字，皆是失其本義之假借
字。

（四）〈六書通故〉第 39 條

> 凡曰今文某或爲某，明今文或字異于古，並有異于今文也。〔註90〕

（五）〈六書通故〉第 41 條

> 凡古文之正字難識者，今文多以經典相承字易之，意在易曉，而古
> 字自此寖滅。如「兩胉」之「胉」，易以迫，鄭已定胉爲正字而用
> 之。〔註91〕

（六）〈六書通故〉第 47 條

> 凡今古文字之義同者，爲重文，《説文》止錄其一，如從古文不錄今
> 文，從今文不錄古文是也。而今古文字之義異者，爲別字，例宜兼
> 收，如古文闕爲埶、病爲槀（此屬假借）；捆爲梱、奉爲卷（此屬異
> 義）之類是也。〔註92〕

（四）、（五）、（六）三段引文，可說是《説文》今古文之凡例。

（七）〈六書通故〉第 95 條

> 古人音聲文字，皆叶以宮商角徵羽五音。雖未必有合于古，其大旨
> 擬古五音定之上，上聲擬徵，去聲擬羽，入聲擬角，平聲擬宮商二
> 音，故其韵獨多。〔註93〕

說明平上去入四聲，是摹擬宮、商、角、徵、羽五音而來。

　　由上述七段引文，可見黃以周廣搜古籍經注，熟知今古文形、音、義之
演變，創新條例，嘉惠後學之用心。

〔註89〕同注 85，頁 1703～1704。
〔註90〕〔清〕黃以周撰、王文錦點校：《禮書通故》，頁 1710。
〔註91〕同上注，頁 1711。
〔註92〕同上注，頁 1714。
〔註93〕同上注，頁 1730～1731。

表七：〈六書通故〉徵引古籍一覽表

〈六書通故〉所徵引古籍，表列如下：

徵引書名	《易傳》	《尚書》	《毛詩》	《周禮》	《儀禮》
採擇次數	2	1	10	51	16
徵引書名	《禮記》	《大戴禮》	《左傳》	《公羊傳》	《孟子》
採擇次數	10	4	14	4	2
徵引書名	《爾雅》	《三家詩》	《荀子》	《管子》	《九章》
採擇次數	8	1	1	1	2
徵引書名	《莊子》	《墨子》	《列子》	《素問》	《淮南子》
採擇次數	4	1	1	1	6
徵引書名	《史記》	《漢書》	《七略》	《說文解字》	《後漢書》
採擇次數	9	5	1	28	2
徵引書名	《韓詩》	《文選》	《釋名》	《白虎通義》	《呂氏春秋》
採擇次數	2	2	3	2	1
徵引書名	《戰國策》	《切韵》	《玉篇》	《輿服志》	《熹平石經》
採擇次數	1	1	1	1	1
徵引書名	《水經注》	《唐韵正》	《唐石經》	《四聲譜》	《隋經籍志》
採擇次數	1	5	1	1	1
徵引書名	《新刊禮部韵略》	《四聲切韵》	《書斷》	《聞見記》	《通典》
採擇次數	1	1	1	1	2
徵引書名	《廣韵》	《集韵》	《儀禮集說》	《說文段注》	《儀禮古今文疏義》
採擇次數	26	1	1	27	2
徵引書名	《九經古義》	《讀禮通考》	《禮書綱目》	《儀禮古今文異》	《禮學卮言》
採擇次數	1	1	1	6	1

　　上列表格所述，〈六書通故〉全篇97條，共徵引55種古籍，來詮釋經籍中之古禮古制。茲略述如下：

　　1. 在十三經方面，包括《易傳》、《尚書》、《毛詩》、《三禮》、春秋《三

傳》、《孟子》、《爾雅》等十一經。其中以《周禮》徵引之次數佔 51
條。

2. 在史書方面，徵引《史記》、《漢書》、《後漢書》、《戰國策》、《呂氏春
秋》、《隋經籍志》、《通典》等書。

3. 在子書方面，徵引《荀子》、《管子》、《莊子》、《墨子》、《列子》、《淮
南子》等書。

4. 在集部方面，徵引屈原所作《九章》，屈原因小人讒言被放逐江南，思
念君國，憂心罔極，故作《九章》陳忠信之道，以表明心志。內容包
括〈懷沙〉、〈惜誦〉、〈涉江〉、〈哀郢〉、〈抽思〉、〈思美人〉、〈惜往日〉、
〈橘頌〉、〈悲迴風〉等九篇。

5. 在禮經方面，徵引漢代班固《白虎通義》；西晉司馬彪《輿服志》；元
代敖繼公《儀禮集說》；清代徐乾學《讀禮通考》、沈彤《儀禮小疏》、
胡承珙《儀禮古今文疏義》、惠棟《九經古義》、徐養原《儀禮古今文
異同》、孔廣森《禮學卮言》等書。

6. 在訓詁文字形、音、義方面，徵引《說文解字》、《七略》、《釋名》、《爾
雅》、《切韻》、《玉篇》、《唐韻正》、《四聲譜》、《四聲切韻》、《新刊禮
部韻略》、《廣韻》、《集韻》、《說文段注》等書。其中以《說文解字》
徵引之次數佔 28 條。

7. 在石經方面，徵引《熹平石經》、《唐石經》等書。

綜合上述，可知〈六書通故〉全篇 97 條，共徵引 55 種古籍，來訓詁經
籍注疏之文字。其中以《周禮》與《說文解字》徵引之次數居多。並徵引歷
代經學家、文字學家，包括：班固、鄭玄、鄭眾、許慎、段玉裁、孔子、劉
歆、王篆友、江艮庭、許周生、張懷瓘、魏默生、應仲遠、史籀、王莽、王
筠、賈公彥、杜佑、胡承珙、司馬彪、沈彤、徐新田、徐養原、敖繼公、惠
棟、延熹、杜子春、段懋堂、賈徽、賈逵、孔廣森、錢竹汀、嚴鐵橋、顏師
古、沈約、周嶧、屈原、陸法言、陳彭年、劉淵、封演、張皋文、李腷、劉
向、屈原、沈冠雲、程易疇、王引之等人之解說。

足證黃以周撰著《禮書通故》之用心，採擷群經，善於旁徵博引，以訓
詁經文。凡所訓釋，皆先列舊訓，後附己說。實事求是，創新小學訓詁之條
例，值得後學取法。

第三節　會通易禮學說

　　黃以周除以禮學知名於世外，於經學、易學亦著力頗深，與易學相關著作，包括《十翼後錄》七卷、《周易故訓訂》一卷、《周易注疏賸本》一卷、《經訓比義》三卷、《經說略》二卷、《讀易說》等。其中《周易故訓訂》、《周易注疏賸本》兩書，皆是黃以周未完成之易學著作。黃以周弟子唐文治在《十三經讀本・周易・唐文治跋》提到：

> 嗚呼！此吾師定海黃先生所著《周易故訓訂》及《注疏賸本》，蓋皆未成之書也。先生承家學最精於《易》，口講指畫，孜孜不倦，嘗著《十翼後錄》八十卷，都數十冊，哀然成大觀。文治偶段讀一、二日，輒索去，以爲未定之論也。光緒戊子夏，文治與先生論易學，詳晰漢宋義例。先生欣然出此二卷曰：「此余未成之書也，子宜秘之，惟讀此，則於《易》例得過半矣！」文治讀之如獲拱璧，亟鈔成之。嗣後宦京師值庚子之亂，輾轉遷徙，常攜以自隨，弗敢失墜。壬戌主講無錫國學專修館，並受施君省之之託，刻《十三經讀本》，同學陳君善餘以書來曰，子有志刻先生之書，《周易故訓訂》爲學《易》津梁，盍附刻於《易經》後。文治聞之憬然，爰屬館生嘉興唐蘭詳加校正，授之梓人。嗟夫！曩之不以此書示人者，因先生有宜秘之言，弗敢忘師訓也。茲者距先生歿二十餘年，此書既出，後有學者儻能踵而成之，固先生之志也。伏案《故訓訂》僅成〈上經〉一卷，《注疏》僅成〈乾〉、〈坤〉、〈屯〉三卦，並附〈重卦卦變圖〉。然易理備於〈乾〉、〈坤〉二卦，學者循是以求，自可悟讀易之法矣。追惟先生畢生精力在《易》、《禮》二書。《禮書通故》已風行海內，而《十翼後錄》聞尚藏諸家，儻得有力者彙而刊之，是蓋吾黨所禱祀以求者也。受業唐文治謹跋。〔註94〕

說明《周易故訓訂》僅完成《周易》〈上經〉一卷，而《周易注疏賸本》則完成〈乾〉、〈坤〉、〈屯〉三卦。雖僅是部分完稿之作，但可從其中內容，理解黃以周之易學旨趣。這兩本書是在《十翼後錄》之基礎上，闡述易學之重要作品。

　　支偉成對黃以周有是論：「先生爲學，不拘漢宋門戶，體亭林『經學即理

〔註94〕唐文治：《十三經讀本（一）》（臺北：新文豐出版公司，1980年），頁242。

『學』之訓，上追孔門之遺言。說《易》，綜舉辭變象古，於鄭、王無所偏執，《詩》多宗序，《書》必條貫大義，《春秋》用比事之法，《三傳》校以經例，定其短長，而《三禮》尤邃。」〔註95〕由此可見黃以周融會群經，於禮學與易學上均有精湛之著作。依據《禮書通故》〈敘目〉之敘述：

> 筮短龜長，其說自古。《易》準天地，豈區區焉占數？知者觀象，中爻云備，物雜德撰。勿說二而違四，勿說三而違五，道能一貫，何憂乎九六交錯？述〈卜筮通故〉第四。〔註96〕

在《禮書通故》第四篇，黃以周說明用筮龜來卜吉凶，可溯源自遠古。《易》廣大無所不備，聖人用《易》，以天地爲準則，設卦觀象，來辨明人事之吉凶，與天地之變化。不混淆卦爻之眞相，《易》道貫通天地陰陽之變化，教導人民從憂患中提昇道德境界，定可以逢凶化吉。〈卜筮通故〉全篇共有五十條，全篇引文中之注、疏、案語，皆是黃以周以《易》學思想來闡述古籍經文中之禮制或禮意。茲舉〈卜筮通故〉爲例，說明《禮書通故》會通易禮之文獻價值：

一、徵引群經疏證，詮釋《易》理

在《禮書通故》〈卜筮通故第四〉共徵引五十條古籍經文，而以《周禮》之注疏居多，足證黃以周對《易》與《禮》有縝密之洞察力與精闢之解析。

（一）〈卜筮通故〉第13條

> 鄭眾云：「作龜八命。征謂征伐人也。象謂災變雲物，如眾赤鳥之屬，有所象似。與謂予人物也，謀謂謀議也，果謂事成與不也，至謂至不也，雨謂雨不也，瘳謂疾瘳不也。」鄭玄云：「征亦曰行，巡守也。象謂有所造立也，《易》曰：『以製器者尚其象。』〔註97〕與謂所與共事也。果謂以勇決爲之，若楚司馬子魚卜戰，令龜曰『鮒也以其屬死之，楚師繼之，尚大克之』，吉，是也。」〔註98〕

以周案：

〔註95〕支偉成：〈定海黃氏父子傳，浙粵派漢宋兼采經學家列傳第九〉，《清代樸學大師列傳》，頁115。

〔註96〕〔清〕黃以周撰、王文錦點校：《禮書通故》，頁2714。

〔註97〕〔魏〕王弼、〔晉〕韓康伯注〔唐〕孔穎達：〈易繫辭上〉，《周易正義》，卷7，頁154。

〔註98〕同注96，頁200。

說皆可通，因兩存之。

案：黃以周引《周禮・春官・大卜》鄭眾論述「作龜八命」之事：「一曰征，二曰象，三曰與，四曰謀，五曰果，六曰至，七曰雨，八曰瘳。國之大事待著龜而決者有八。定作其辭，於將卜以命龜也」之事；鄭玄注解「征亦曰行，巡守也。象謂有所造立也」之意義。〔註99〕並引《易》曰：『《易》有聖人之道四焉：『以言者尚其辭，以動者尚其變，以制器者尚其象，以卜筮者尚其占。』此四者存乎器象，可得而用也。」〔註100〕說明著龜皆是卜筮必用之器具，君子卜筮有見微知幾、防患未然之效。於案語中黃以周贊同鄭眾、鄭玄之說法。

（二）〈卜筮通故〉第37條

《春秋左氏》說筮短龜長。杜預云：「物生而後有象，象而後有滋，滋而後有數。龜象筮數，故龜長筮短。」孔穎達云：「著龜知靈相似，無長短，卜人有爲而言。」〔註101〕

以周案：

杜據韓簡語以象數分龜筮。考《周禮》，大卜掌《三兆》、《三易》之法，龜之兆頌詳于筮，自大卜外，占龜之官亦多于筮，爲龜長也。〈表記〉云：「天子無筮。」鄭注：「天子至尊，大事皆用卜，爲筮短也。」鄭注：「占人亦占筮，言掌占龜者，筮短龜長。」用《左氏》說。王肅注〈洪範〉「卜五占用二」云：「筮短龜長，故卜多而筮少。」亦用《左氏》說。《易》有辭、象、變、占四道〔註102〕，筮乃《易》中一事。故筮雖短，不足爲《易》病。〔註103〕

案：黃以周引《春秋左傳・僖四年》：「初，晉獻公欲以驪姬爲夫人，卜之，不吉；筮之，吉。」杜預注：「龜長筮短」而孔穎達則云：「著龜無長短。」〔註104〕針對「筮短龜長。」之說法，以周案語中，則引《周禮・春官・大

〔註99〕　〔漢〕鄭玄注、〔唐〕賈公彥疏：〈春官・大卜〉，《周禮注疏》，卷24，頁371。

〔註100〕　同註97，頁154。

〔註101〕　〔清〕黃以周撰、王文錦點校：《禮書通故》，頁213～214。

〔註102〕　〔魏〕王弼、〔晉〕韓康伯注〔唐〕孔穎達：〈易繫辭上〉：「《易》有聖人之道四焉，以言者尚其辭，以動者尚其變，以制器者尚其象，以卜筮者尚其占。」見《周易正義》，卷7，頁154。

〔註103〕　同註101，頁214。

〔註104〕　〔晉〕杜預注、〔唐〕孔穎達：《春秋左氏傳正義》，卷12，頁203。

卜》云：「大卜掌《三兆》之法，一曰《玉兆》，二曰《瓦兆》，三曰《原兆》。……掌三易之法，一曰連山，二曰歸藏，三曰周易。」〔註105〕說明大卜掌《三兆》、《三易》之法；引《禮記·表記》：「子曰：『大人之器威敬。言其用之尊嚴。天子無筮，謂征伐出師若巡守也，天子至尊，大率皆用卜也。」〔註106〕說明「天子無筮」；引《尚書·洪範》「卜五占用二」〔註107〕之說，並指出上述各家之說，皆是參考《左傳》之注解。最後又引「筮乃《易》中一事」，補證說明筮之長短，不影響占卜之結果。

二、駁議古籍舊注，發揮《易》理

（一）〈卜筮通故〉第1條

　　杜子春云：「大卜掌《三兆》之法；玉兆，帝顓頊之兆；瓦兆，帝堯之兆；原兆，有周之兆。」鄭玄云：「兆者，灼龜發于火，其形可占者。其象似玉瓦原之罅，是用名之焉。原，原田也。」賈公彥云：「象似玉瓦原之璺罅，謂破而不相離也。或解以爲玉瓦原之色。趙商問，此並問下文，杜子春何由知之？鄭答云：此數者非無明文，改之無據，故著子春說而已。近師皆以爲夏、殷、周。如是《玉兆》爲夏，《瓦兆》爲殷可知。」〔註108〕

以周案：

　　三兆之名，失傳已久。近惠半農以玉兆爲天龜，瓦兆爲地龜，原兆以人參天地。說甚支離。〔註109〕

案：黃以周引《周禮·春官·大卜》〔註110〕杜子春、鄭玄、賈公彥等人論述大卜掌《三兆》之法，黃以周於案語中，說明三兆之名，失傳已久，質疑惠半農之說法有誤。

（二）〈卜筮通故〉第16條

　　杜子春云：「太卜掌《三易》之法，〈連山〉處戲，〈歸藏〉黃帝。」鄭玄云：「《連山》，似山出內氣也。《歸藏》，萬物莫不歸而藏於其

〔註105〕〔漢〕鄭玄注、〔唐〕賈公彥疏：《周禮注疏》，卷24，頁369～370。
〔註106〕〔漢〕鄭玄注、〔唐〕孔穎達疏：《禮記正義》，卷54，頁921。
〔註107〕題孔安國傳、〔唐〕孔穎達疏：《尚書正義》，卷12，頁175。
〔註108〕〔清〕黃以周撰、王文錦點校：《禮書通故》，頁193。
〔註109〕同上注，頁193。
〔註110〕〔漢〕鄭玄注、〔唐〕賈公彥疏：《周禮注疏》，卷24，頁369。

中。」賈公彥云：「《連山》以純〈艮〉爲首，〈艮〉爲山，故名《連山》。《歸藏》，以純〈坤〉爲首，〈坤〉爲地，故名《歸藏》。鄭雖不解《周易》，其名《周易》者，《連山》、《歸藏》，皆不言地號，以義名《易》，則『周』非地號。以《周易》以純〈乾〉爲首，〈乾〉爲天，天能周布于四時，故名《易》爲『周』也。《鄭志》云：近師皆以爲夏、殷。」〔註111〕

以周案：

八卦畫於虙戲，六四卦重於神農。（說詳《十翼後錄》）杜氏以《連山》爲虙戲，說本無據。孔沖遠〔註112〕作《周易疏》，據《世譜》等書，以「連山」爲神農氏號，改爲《連山》神農，此亦遷就之見。在漢師無是說也。（《世譜》等書本多荒謬。）漢師或以爲夏、殷，本〈禮運〉「吾得〈乾〉、〈坤〉」爲說。鄭注《連山》、《歸藏》、《周易》，俱以義言，孔沖遠力駁之，非。說詳《儆季雜著》。〔註113〕

案：黃以周引《周禮・春官・大卜》杜子春、鄭玄、賈公彥等人，並引《鄭志》，論述大卜掌《三易》之法。黃以周於案語中，駁斥孔穎達「以『連山』爲神農氏號，改爲《連山》神農」之說法有誤。

　　從上述〈卜筮通故〉四則之引文與案語，可見黃以周徵引群經與古籍疏證來詮釋《易》理之用心。

表八：〈卜筮通故〉徵引古籍一覽表

〈卜筮通故〉其所徵引之古籍，表列如下：

徵引書名	《周易》	《尚書》	《詩經》	《周禮》	《儀禮》
採擇次數	12	3	4	7	9
徵引書名	《禮記》	《左傳》	《公羊傳》	《論語》	《管子》
採擇次數	15	7	2	1	1
徵引書名	《史記》	《漢書》	《白虎通義》	《說文》	《淮南子》
採擇次數	5	2	5	3	1

〔註111〕同注108，頁200。
〔註112〕〔後晉〕劉昫等：〈孔穎達列傳〉：「孔穎達字沖遠，冀州衡水人也。……與顏師古、司馬才章、王恭、王琰等諸儒受詔撰定《五經義訓》，凡一百八十卷，名曰《五經正義》。」《舊唐書》，卷73，頁2601～2602。
〔註113〕〔清〕黃以周撰、王文錦點校：《禮書通故》，頁200。同上注。

徵引書名	《京氏易傳》	《皇覽》	《玉篇》	《三禮義宗》	《博物志》
採擇次數	1	1	2	1	1
徵引書名	《釋文》	《禮書》	《儀禮經傳通解》	《家禮》	《周易荀氏注》
採擇次數	2	3	1	1	2
徵引書名	《周易注》	《橫渠先生易說》	《儀禮集說》	《禮學卮言》	《說文段注》
採擇次數	2	2	1	1	3
徵引書名	《學禮管釋》	《三禮便蒙》	《禮經釋例》	《儀禮正義》	《易說》
採擇次數	1	1	3	5	2
徵引書名	《儀禮管見》	《儀禮圖》	《儀禮集編》		
採擇次數	3	2	1		

　　上列表格所述，〈卜筮通故〉全篇 50 條，共徵引 38 種古籍，來詮釋經籍中之古禮古制。茲略述如下：

1. 在十三經方面，包括《周易》、《尚書》、《詩經》、《三禮》、《左傳》、《公羊傳》《論語》等九經。其中以《周易》與《禮記》徵引之次數居多。

2. 在史書方面，徵引《史記》、《漢書》、《皇覽》等書。其中《史記》徵引《宋世家》，爲司馬遷讚美微子請教太師，而作此篇；《日者列傳》該傳記是《史記》專記日者的類傳。〔註114〕《皇覽》是三國時魏文帝時所作。

3. 在易經方面，徵引漢代荀爽撰《周易荀氏注》、京房撰、三國吳陸績注《京氏易傳》、虞翻《周易注》；宋代張載撰《橫渠先生易說》；清代惠士奇《易說》等書。

4. 在禮經方面，徵引漢代班固《白虎通義》；南朝宋崔靈恩《三禮義宗》；唐代陸德明《經典釋文》；宋代陳祥道《禮書》、朱熹《家禮》、《儀禮經傳通解》；元代敖繼公《儀禮集說》；清代孔廣森《禮學卮言》、夏炘

〔註114〕《史記・太史公自序》：「嗟箕子乎！嗟箕子乎！正言不用，乃反爲奴。武庚既死，周封微子。襄公傷于泓，君子孰稱。景公謙德，熒惑退行。剔成暴虐，宋乃滅亡。喜微子問太師，作〈宋世家〉第八。……齊、楚、秦、趙爲日者，各有俗所用。欲循觀其大旨，作〈日者列傳〉第六十七。」，卷130，頁3309、3318。

《學禮管釋》、焦理堂《三禮便蒙》、凌廷堪《禮經釋例》、胡培翬《儀
禮正義》、褚寅亮《儀禮管見》、張惠言《儀禮圖》、盛世佐《儀禮集編》
等書。

5. 在訓詁文字形、音、義方面，徵引漢代許慎《說文解字》、南朝顧野王
《玉篇》二書。《玉篇》是中國古代一部按漢字形體分部編排的字書。
據唐代封演《聞見記》所載，《玉篇》共 16917 字。與《說文》對照，
《玉篇》原本多出 7564 字，今本多 13208 字。《玉篇》與《說文》價
值不同，各當其用：若追尋本義，仍當以《說文》爲宗。

綜合上述，可知〈卜筮通故〉全篇 50 條，共徵引 38 種古籍，來詮釋《易》
理。其中以《三禮》與《周易》徵引之次數居多。並徵引歷代經學家包括：
杜子春、鄭玄、鄭眾、賈公彥、孔穎達、馬融、王肅、何休、京房、許慎、
韋昭、裴駰、虞翻、荀爽、韓康伯、杜預、崔靈恩、朱熹、張載、陸績、段
玉裁、劉台拱、江筠、張皋文、惠士奇、胡培翬、陳祥道、敖繼公、凌廷堪、
焦理堂等人之解說。足證黃以周撰述《禮書通故》態度嚴謹，研閱以窮照，
善於旁徵博引，來詮釋《易》理。

章太炎作〈黃先生傳〉曰：「其說經陳事，象物閎肅，超出錢大昕、阮元
諸儒上遠甚。……先生之作，莫大乎《禮書通故》。其餘有《子思子輯解》、《經
訓比義》、《古文世本》、《黃帝內經集注》及《儆季雜著》五種，皆卓然可傳
世。」〔註 115〕梁啓超《清代學術概論》則指出：「晚清則有黃以周之《禮書通
故》，最博贍精審，蓋清代禮學之後勁矣。」〔註 116〕可見黃以周會通《易》學
與《禮》學之努力，受到當代學者之稱譽。

第四節　傳承晚清禮學

陳澧《東塾讀書記》云：「講禮學者，必慎言行。若行不脩，言不道，則
無質矣。道德仁義，非禮不成。然則講道學者，必講禮學；不然，則不成
矣，此尤有關於千古學術也。」〔註 117〕說明清儒治禮，不僅以道德仁義爲依
歸，且在禮學研究過程中，往往是因事立言，不空談心性，充分體現清代禮

〔註 115〕章太炎：《太炎文錄》，頁 53。
〔註 116〕梁啓超：〈清代學術概論〉，《中國近三百年學術史》，頁 46。
〔註 117〕〔清〕陳澧：《東塾讀書記》，卷 9，頁 134。

學實事求是之本質。黃式三在〈崇禮說〉云：「君子崇禮以凝道者也，知禮之爲德性也，而尊之；知禮之宜問學也，而道之。」〔註118〕黃以周受到其父黃式三重視禮學之影響，承繼家學，在《禮書通故・敘目》亦云：「禮根諸心，發諸性，受諸命，秩諸天。體之者聖，履之者賢，博文約禮，聖門正訓也。」〔註119〕可見黃氏父子研究禮學，皆以「博文約禮」爲治禮之鵠的。

　　《禮書通故》全書探討之範圍相當廣，時限相當長，舉凡經注史說，諸子雜家，上自秦、漢經師，下逮當代學者，義有分歧，率皆甄錄，然後明辨是非，折衷至當。實事求是，不存門戶之見。〔註120〕對於《三禮》之學，向以鄭玄注爲宗，但全書駁鄭處不下百條，其申鄭處亦復不少。並會通歷代數十百家之古籍，經師、學者之說，採擇各家之論述，考辨其說之眞僞，或申或駁，實事求是，詳實至當。這部巨著，將中國兩千年來之古禮占制研究之成果，做一完整之總結。茲述黃以周《禮書通故》，傳承晚清禮學之學術價值：

一、集晚清禮學研究之大成

　　《四庫全書總目提要・禮類》云：

> 古稱議禮如聚訟。然《儀禮》難讀，儒者罕通，不能聚訟。《禮記》輯自漢儒，某增某減，具有主名，亦無庸聚訟。所辨論求勝者，《周禮》一書而已。考〈大司樂章〉，先見於魏文侯時，理不容僞。河間獻王但言闕〈冬官〉一篇，不言簡編失次，則竄亂移補者亦妄。《三禮》並立，一從古本，無可疑也。鄭康成《注》、賈公彥、孔穎達《疏》，於名物度數特詳。宋儒攻擊，僅摭其好引讖緯一失，至其訓詁，弗能踰越。蓋得其節文，乃可推制作之精意，不比《孝經》、《論語》，可推尋文句而談。本漢唐之注疏，而佐以宋儒之義理，亦無可疑也。〔註121〕

詮釋《三禮》之特質與源流，並揭示出清儒研治禮學之三個面向，一、《三禮》並立；二、以古籍爲本，推尊鄭玄《注》、賈公彥與孔穎達《疏》；三、訓詁經文，考證名物制度。由《四庫全書總目提要》之闡述，可見清代學家對禮

〔註118〕〔清〕黃式三：《儆居集》，（清道光戊申（1848年）刊本），經說一，頁18。
〔註119〕〔清〕黃以周撰、王文錦點校：《禮書通故》，頁2713。
〔註120〕同上注，頁2713。
〔註121〕〔清〕永瑢、紀昀等：《四庫全書總目提要》，卷19，頁388。

學之重視及對明代禮學思想之反思。

根據浙《浙江省定海縣志》記載：

> 嘗曰：「挽漢、宋之末流者，其唯禮學乎！」著《禮書通故》百卷，
> 大江以南之學者咸宗焉。生平篤守顧亭林經學即理學之說，而以執
> 一端，立宗旨爲賊道。蓋四明之學自萬斯同、全祖望以來，獨以以
> 周爲最醇云。〔註122〕

可見黃以周生平篤守顧炎武「經學即是理學」、「經世致用」之學說。中國傳
統之禮學發展到清代，經過漢學與宋學之洗禮、今古文經學家之抗衡，在經
學家努力調和重視訓詁考據之漢學，與重視心性義理之宋學，使得晚清禮學
朝著「考禮」與「議禮」二個原則發展。黃以周以客觀之態度，兼采漢、宋
之方法，講求經世致用之目標，來撰述《禮書通故》。黃以周體悟研究禮學，
專治一經之弊，故會通羣經以成《禮書通故》一百卷，其書篇目廣大，卷帙
浩繁，幾涵蓋先秦至清代所有經部、子部論禮之書，與匯集古今諸儒論禮之
說，並加上個人案語，爲之疏通駁解，指證前代及當代禮義與禮制之得失。

黃以周承繼家學，而爲晚清重要之禮學大家。其所撰《禮書通故》，備受
學者推崇。《禮書通故》能會通漢、唐迄清代之禮學禮制，並辨析各篇章之眞
僞，而不拘泥於一家之言。研讀《禮書通故》可以發現其篇卷內容，會通古
今禮學禮制之典籍方面，與開創以典章制度爲編纂新體例之《通典》、匯集整
理歷代禮學研究成果之《五禮通考》二書，有異曲同工之妙。貫通古今禮學
思想，並詳加闡釋，發皇晚清《三禮》學思想，使《禮書通故》成爲清末《三
禮》學集大成之作。

張舜徽評論《禮書通故》云：

> 自來研究《三禮》之學的，莫不以鄭注爲宗，而《禮書通故》駁鄭
> 處卻不下百條。可知他不偏袒，不曲從，實有大過人處。所貴乎通
> 人之學，便在這禮。《禮書通故》，名爲一部經學書，其實從內容看，
> 每類每篇，都是考證古代禮儀、制度、名物，是一部最爲翔實的古
> 史考證書，也可說是一部史考名著。他在闡述我國古代文化方面，
> 作出了重大貢獻。〔註123〕

〔註122〕據陳訓正、馬瀛等纂修：《浙江省定海縣志》，《中國方志叢書》（臺北：成文
　　　　出版社，1924年鉛印本影印），頁365。
〔註123〕張舜徽：〈浙東學記第六〉，《清儒學記》（武漢：華中師範大學出版社，2005

讚譽《禮書通故》體大思精，會通諸儒論禮之學說，指摘訛誤，匡正謬誤，不曲從。詳實考證古代禮儀與名物制度，傳承我國禮儀文化，居功厥偉。章太炎稱其書可「與杜氏《通典》相比隆」〔註124〕正彰顯出《禮書通故》融會考證與經世，以傳承我國禮儀文化，可與《通典》相提並論。梁啓超云：「晚清則有黃以周之《禮書通故》，最博贍精審，蓋清代禮學之後勁矣。」〔註125〕而黃季剛亦云：「析義詳密，則莫過定海之黃。」〔註126〕可見黃以周精湛之禮學著作，備受當代學術大師之稱譽。學如積薪，黃以周受浙東學派注重歷史研究之影響，《禮書通故》一書通古今之變，融合經史而成書，爲當代禮學思想提供歷史之殷鑒，爲晚清禮學注入宏觀之視野，振興儒家禮秩文化，開啓名物制度之學，影響後代禮學之發展甚巨。

二、推動晚清禮學之傳承與流播

據《清史稿》載：

> 江蘇學政黃體芳建南菁講舍於江陰，延之主講。以周教以博文約禮、實事求是，道高而不立門戶。宗源瀚建辨志精舍於寧波，請以周定其名義規制，而專課經學，著錄弟子千餘人。〔註127〕

黃體芳聘請黃以周擔任南菁書院主講，長達15年（1884～1898）〔註128〕，教導學生博文約禮、實事求是，治學不拘於漢、宋門戶之見，門生千餘人。茲敘述黃以周推動晚清禮學傳承與流播之要點：

（一）掌教南菁書院

黃以周於〈南菁講舍論學記〉云：

> 瑞安黃侍郎督學江蘇，剙講舍，命以南菁，語出李延壽《北史》。予竊以爲侍郎命名之意當別有在。李之言曰：「南人約簡，見其英華；北學深蕪，窮其枝葉。」夫英華者，歛其全物之精氣；而發於枝葉有何？英華一言，以爲不知，此之謂矣。朱子倫〈常熟吳公祠記〉以爲吳會之學開自子言子，而子言子敏於聞道，不滯於形器。因引

年），頁 195。

〔註124〕汪兆鏞纂錄：章太炎〈黃以周先生傳〉，《碑傳集三編》，頁 141。

〔註125〕梁啓超：《清代學術概論》，《中國近三百年學術史》，頁 46。

〔註126〕《禮學略說》，見《黃侃論學雜著》，頁 453。

〔註127〕趙爾巽等編撰：《清史稿・儒林傳三》，卷 488，頁 242。

〔註128〕王逸明：《定海黃式三黃以周年譜稿》，頁 61。

李詒曰：「所謂南方之學，得其菁華，蓋自古已然。」侍郎命名之義，
當在此不在彼。且亦思子言子之爲學乎？孔門弟子三千人，身通六
藝者七十人，而文學之傳，首推子言子。書缺有閒，其詳不可得聞；
而考其言行之見傳記者，於禮獨多是。蓋謹守博文約禮之教者也。
今去古已遠矣，學者欲求孔聖之微言大義，必先通經，經義難明，
必求諸訓詁聲音，而後古人之語言文字，乃能瞭然於心目。不先博
文，能治經乎？既治經矣，又當約之以禮。〔註129〕

上述引文，說明江南學政黃體芳在江蘇江陰創建南菁書院，命名爲「南菁」
之緣由與意涵。並說明南菁書院教學之宗旨，以「博文約禮」爲教育學生之
準繩，效法孔聖師承之道，並以子思爲其學術思想之圭臬。黃以周於〈南菁
講舍論學記〉又云：

文章者，華身之物；經濟者，澤民之具；義理者，淑性陶情之資；
而不以禮爲權衡，文章雖工，亦鄭衛淫哇之聲也；經濟雖長，亦雜
霸刑法之治也；義理雖明，亦莊老虛無之談也。禮也者，天之經，
地之義，民之則；崇效卑法，有天地即有是禮。故典曰天敘，禮曰
天秩。而謂禮爲後起之物，豈其然乎？君臣、父子、兄弟、夫婦、
朋友之間恭敬撙節退讓有不能自已者，是禮出於性之自然而莫可
遏，而謂禮爲忠信之薄，庸非謬乎？〔註130〕

黃以周爲南菁書院撰述學規，強調在學校教習中，禮是權衡文章、經濟、義
理諸端之規範。禮是「天之經，地之義，民之則」，是維繫五倫之基石。因此
禮學成爲南菁書院教育之共同理念，亦是培育學生人文素養之不二法門。

（二）弟子傳承禮學

黃以周主講南菁書院多年，門生遍於江南。茲參考徐世昌等編纂：《清儒
學案‧儆居學案下》〔註131〕與王逸明：《定海黃式三黃以周年譜稿》〔註132〕
所述，臚列黃以周著名弟子。

1. 林頤山：字晉霞，慈溪人。嘗繼其師主講南菁書院，宣統初薦入禮學

〔註129〕〔清〕黃以周撰：〈南菁講舍論學記〉，《元同文鈔》（清光緒南菁書院原刻《儆
季雜著》五種本），卷6，頁23。
〔註130〕同上注，頁24。
〔註131〕徐世昌等編纂：〈儆居學案下〉，《清儒學案》，卷154，頁6008～6020。
〔註132〕王逸明：《定海黃式三黃以周年譜稿》，頁62～64。

館。著有《經述》三卷。《經述》爲未成稿本。《清儒學案》列林頤山傳入〈曲園學案・曲園弟子〉中。

2. 于鬯（1854～1910）：字醴尊，號香草。上海南匯縣人。其學長於《三禮》、《說文》。其手稿現藏上海圖館。于鬯爲俞樾及門弟子，顧《清儒學案》列其傳於〈黃彭年陶樓學案〉陶樓弟子中。

3. 張錫恭（1858～1924）：字聞遠、殷南，松江婁縣人。肄業南菁書院，受以周之學，篤志研經，長於《三禮》，晚聘任禮學館纂修，勤於研訂經學，爲時所重。著有《茹荼軒集》、《茹荼軒續集》，著述藏於家。《儆寄文鈔》卷三，第二十五頁收有〈答張聞遠書〉係討論經義之作。

4. 胡玉縉：字綏之，江蘇元和人。肄業正誼書院。清末爲禮學館纂修，民國間任教北京大學。著有《許廎學林》、《許廎遺書》等書。

5. 陳慶年（1862～1929）：字善餘，江蘇丹徒人。爲諸生時，爲學使長沙王先謙識拔，肄業於南菁書院，最爲儆寄激賞。其爲學期於通經致用。嘗謂「今日儒者絕非畫封故步所能濟世」，撰《外交史料》、《列國政要》，與鄂中諸生講明中外情勢，瞭如指掌。在江南，據陳倫炯《海國聞見錄》、《沿海形勝圖》與日本爭回東沙島，爲時所稱。晚設「傳經堂」課士，以存舊學。著有《古香研經室筆記》、《知忘錄》、《爾雅漢注輯》、《司馬法校注》、《司馬法逸文漢律逸文疏證》、《補三國志儒林傳》、《京口掌故叢編》、《風俗史料》、《近代史料》、《通鑒紀事本末要略》、《五代史略》、《明史詳節》等書。〔註133〕

6. 曹元忠（1865～1927）：字夔一、揆一，號君直，吳縣人。曹元弼族兄。初肄業南菁書院，從定海黃以周學《詩》、《禮》群經。兼長考證、辭章、目錄，校勘尤所擅長。諳習掌故，頗負時名。充禮學館纂修，編訂之餘，撰有《禮議》二卷，附《律論》四篇等。

7. 唐文治：號蔚芝，晚號茹經，江蘇太倉縣人。光緒十一年（1885）受業於以周門下，是其得意門生。光緒二十一年（1895）入江陰南菁書院。後創辦上海南洋公學，繼而出使日、英。1907 年奉派上海高等實業學堂（上海交大前身）監督（校長），至 1920 年卸任。晚年主講於自創之無錫國學專修館。著有《茹經堂文集》，主編《無錫國學館文集》

〔註133〕徐世昌等編纂：〈儆居學案下〉，《清儒學案》，卷 154，頁 6014～6015。

初編、二編。又有《茹經先生自訂年譜》，有無錫國學館民國二十四年排印本。

8. 吳稚暉（1865～1953）：原名敬恆，以字行，江蘇武進縣人。二十三歲（一說二十五歲，約光緒十四年前後）入江陰南菁書院。國民黨元老。著有《吳稚暉全集》。

9. 曹元弼（1867～1953）：字叔彥，吳縣人，晚號復禮老人。1885年入江陰南菁書院肄業，為以周弟子。以經學名世，章炳麟嘗師事之。著有《復禮堂文集》、《經學文鈔》、《復禮老人所著書》。《復禮堂文集》現存民國六年曹氏自刊十卷本。

10. 丁福保（1874～1952）：字仲祐，號疇隱，江蘇無錫人。光緒二十一年（1895）入南菁書院肄業，受教於王先謙、黃以周。1901年考入上海東文（日文）學堂。1909年赴日考察現代醫學。著有《佛學大辭典》、《古泉大辭典》、《疇隱文集》及《疇隱居士自訂年譜》。

上列十位黃以周學生，如林頤山曾繼其師主講南菁書院，宣統初聘任禮學館纂修；張錫恭長於三禮，晚聘任禮學館纂修；陳慶年為學期於通經致用；曹元忠長於考證、辭章，尤擅長目錄、校勘之學；唐文治創辦上海南洋公學，繼而出使日、英，後奉派上海高等實業學堂校長。由此可見，黃以周主講南菁書院，江南諸高材生多出其門。

茲舉弟子闡述黃以周之學術思想：

1. 唐文治〈子思子輯解〉云：

孔子之學，傳於曾子、子思，孟子得子思之傳，不獨《中庸》之費隱性命之精微，即出處進退辭受取與之大節，亦取法於子思，故子思有壁立萬仞之氣概，孟子有泰山巖巖之精神。先生以為由孟子以求孔子、曾子之學，必以子思為樞紐。嘗輯《意林逸子》四十四種，而尤注意子思子，暮年多疾，因日加我數年，《子思子輯解》成，斯無遺憾。其後卒輯成書七卷，蓋至是而先生之志彰，先生之學亦愈精矣。〔註134〕

唐文治是黃以周得意門生之一，在良師之諄諄教誨下，深切體認黃以周用心

〔註134〕唐文治：〈子思子輯解〉，《茹經堂文集》，卷2，收入林師慶彰主編：《民國文集叢刊》第一篇，頁143～144。

良苦，「以子思承孔聖以啓孟子，舉子思所述夫子之教，必始於《詩》、《書》而終《禮》、《樂》，及所明仁義爲利之說，謂其爲傳授之大旨」。〔註135〕並師法子思傳承孔子學說之精神，晚年雖疾病纏身，仍以「加我數年」自勉，於六十九歲完成《子思子輯解》一書之撰述。

2. 曹元弼〈禮經會通大義論略〉云：

> 六經同歸，其指在《禮》。《易》之象，《書》之政，皆禮也；《詩》之美刺，《春秋》之褒貶，於禮得失之跡也；《周官》，禮之綱領，而《禮記》則其義疏也；《孝經》，禮之始，而《論語》則其微言大義也。故《易》之言曰：「聖人有以見天下之動，而觀其會通，以行其典禮。」《書》之言曰：「天敘有典，天秩有禮。」《詩敘》之言曰：「發乎情，止乎禮義。」《春秋》憲章文武，約以《周禮》，所譏所善，按《禮》以正之。《孝經》開宗明義言至德要道，要道謂禮樂。《論語》言禮者四十餘章，自視聽言動，舉凡事親、孝子、事君、使臣、使民、爲國，莫不以禮〔註136〕。

曹元弼，闡述禮學之重要。就學術而言，《禮》爲六經之旨；就進德修業而言，從個人之視聽言動，推而廣之，至孝子事親、忠臣事君、國君使民等，均要以禮爲準則。可見儒家禮學思想，對中國傳統社會秩序、個人修爲、家庭倫理乃至國家治理等方面，有深遠之影響力。曹元弼受到老師「博文約禮」思想之薰陶，在晚清國步艱危，禮教不張之際，提出以禮學統攝儒學之主張，具有重構新道德以針砭世道人心之時代使命。

　　綜合上述，可見黃以周主講南菁書院，桃李滿天下。雖然弟子成就各異，但均能稟承師教，闡揚禮學思想，使黃以周之風華，在中國近代學術史上留下璀璨之扉頁。

（三）《禮書通故》流播海外

　　黃以周在禮學上之成就，不僅受到晚清國學大師之盛譽。其《禮書通故》博採眾說，體大思精，也受到日本、美國學術界之重視。依據臺灣中文古籍書目資料庫之所述，日本、美國大學之圖書館，也收藏《禮書通故》一書，茲略述如下：

〔註135〕王逸明：《定海黃式三黃以周年譜稿》，頁79。
〔註136〕曹元弼：〈禮經會通大義論略〉，《復禮堂文集》，卷4，收入林師慶彰主編：《民國文集叢刊》第一篇100，頁531～532。

1. 《禮書通故》五十目

　清光緒十九年（1893）定海黃氏試館刊本。

　現藏地點：普林斯頓大學東亞圖書館、東京大學東洋文化研究所、大阪府立中之島、京大人文研本館、京大人文研東方。〔註 137〕

2. 《禮書通故》五十目附《禮書通故》校文

　清光緒十九年（1893）定海黃氏試館刊本。

　現藏地點：日本立命館大學。〔註 138〕

3. 《禮書通故》一百零二卷

　清光緒十九年（1893）定海黃氏試館刊本。

　現藏地點：東京大學東洋文化研究所。〔註 139〕

4. 《禮書通故》一百零二卷

　2007 年 4 月北京：中華書局排印本，十三經清人注疏之一。

　現藏地點：京大人文研東方。〔註 140〕

5. 《禮書通故》不分卷

　清光緒十九年（1893）定海黃氏試館刊本。

　現藏地點：京大文、廣島大、一橋大、高知大、二松學舍蓬左文庫、大阪府立中之島、京大人文研本館、京大人文研東方。〔註 141〕

6. 《禮書通故》四十八目

　清光緒十九年（1893）定海黃氏試館刊本。

　現藏地點：東京都立中央。〔註 142〕

　　由上述可知《禮書通故》現藏地點，除分佈於中國、臺灣之國家圖書館、大學圖書館外，日本與美國大學圖書館亦收藏此書，足證此書流播廣遠，日益受到中外研究晚清禮學家之重視。

　　黃式三、黃以周父子，舟山市定海區雙橋鎮人，是近代以來公認之重要學者。通過中國國家圖書館、北京大學圖書館、首都圖書館、上海圖書館、浙江圖書館、浙江大學圖書館、天一閣博物館的調查，已知黃式三著作有 23

〔註 137〕臺灣中文古籍書目資料庫，http://rarebook.ncl.edu.tw/rbook.cgi/frameset4.htm。
〔註 138〕同上注。
〔註 139〕同上注。
〔註 140〕同上注。
〔註 141〕同上注。
〔註 142〕同上注。

種、黃以周著作有 29 種，合計約有 450 卷，近 500 萬字。其學術成就以經學為主，兼治史學與諸子學，對禮學尤有系統精深研究。2007 年 11 月 14 日在浙江海洋學院人文學院成立「黃式三黃以周學術研究會」，足證黃式三父子之著作不僅在晚清受到盛譽，至今仍備受學術界之推崇。〔註 143〕

小　結

　　黃以周為晚清之禮學大家，少承家學，七歲開始隨父黃式三讀《禮》，奠定其一生之學問基礎與「博文約禮、實事求是」之志向。學問博而精，一生致力於經學之研究，著作頗豐。初治《易》學，後來遍覽群經，對於《三禮》之學更是專精。《禮書通故》一書體大思精，深究群經，會通眾說，是一部集晚清禮學大成之巨著。更為清末國學大師章太炎、梁啓超等人之推崇。黃以周主講南菁書十五年，培育弟子近千人，弟子們在學術、教育、政治等領域有卓越成就，均能傳承黃以周之禮學思想，對中國近代學術史產生極大之影響。目前《禮書通故》受到海內外學術界之關注與研究，足證《禮書通故》之學術地位是備受大家肯定。

〔註 143〕學術研究黃以周，http://www.zjol.com.cn/05edu/system/2007/11/14/008970584.shtml；中國近代學術名家：定海黃氏父子：黃式三、黃以周，黃氏宗親網，http://blog.sina.com.cn/huangsgz。

第九章　結　論

　　黃以周撰述《禮書通故》一書，不墨守一家的說法，而是貫通群經，採集諸家學說，講求考據，且能擇善而從。探討的範圍涉及經注史說、諸子雜家，正符合黃以周「囊括《三禮》，博綜制度」的創作原由。

　　本論文之研究範圍，以晚清黃以周所著《禮書通故》原典為基礎，輔以漢代鄭玄《三禮注》、戴聖《石渠奏議》、許慎《五經異義》、鄭玄駁：《駁五經異義》、唐代杜佑《通典》、清代江永《禮書綱目》、秦蕙田《五禮通考》等書，並廣納晚清儒者對禮學的見解，旁及近代專家學者研究禮學的著作，來探究《禮書通故》學術傳承之相關議題，比較其異同，並推論其特色。本論文在研究過程中，採用文獻分析法、歷史研究法、類比研究法、綜合歸納法等四種方法，兼容並蓄，以進行考察與爬梳，來釐出黃以周之禮學思想與學術成就。

　　綜觀黃以周一生，家學淵源，黃式三家學有其四子以周、侄子以恭、孫子家岱承傳。以周七歲時隨父讀《禮》，奠定一生學問之基礎與志向。十九歲開始編著《十翼後錄》，又早晚向父親請教疑難問題。堪稱子承父學，一脈相傳。俞樾主持杭州詁經精舍，兼主杭州浙江書局，斯時李慈銘與以周亦在浙江書局一同校勘古籍。因緣際會，亦師亦友之砥礪，對其學術發展有深遠之影響。以周之交遊有俞越、李慈銘、譚獻、孫詒讓、張文虎、朱一新、陶方琦、王繼香、虞景璜等，彼此藉書信往返，切磋學問。黃以周與俞樾、孫詒讓並稱為晚清浙江三大漢學家。在主講南菁書院時，黃以周秉承詁經精舍之傳統，「以博文約禮、實事求是為教」。受業之東南俊彥，先後達千餘人。黃氏父子之學術思想在江浙之影響，由此可見。

總論《禮書通故》撰著之特色與學術地位如下：

一、條分縷析，涵蓋《三禮》內容

《禮書通故》全書共一百卷，其書篇目廣大，幾涵蓋所有經部、子部論禮之書，以禮書源流居首，先釋宮室以下諸篇，順序大體是吉、凶、嘉、賓、軍等五禮，另外旁及圖、田制、學校、職官等多項，足證黃以周想要會通「諸經」而作此書之用心。書中如井田、田賦、職役、樂律、刑法、車制、名物諸門所研討的問題，大都出自《周禮》、《儀禮》、《禮記》三書，所以命名《禮書通故》。黃以周《禮書通故》詮釋古籍之方法：「訓詁文義，實事求是；深究群經，會通眾說；引述典籍，辨彰真偽；詳考禮制，審核精確；名物制度，圖文相輔。」可知《禮書通故》是黃以周瘁盡心力的巨著。

章太炎稱許《禮書通故》囊括大典，可與《通典》相提並論；俞樾則以《禮書通故》究天人之奧，通古今之宜，可與《五禮通考》相互輝映。清代二位學者均對《禮書通故》推崇備至。由此可知，《通典》、《五禮通考》與《禮書通故》三者在詮釋經典制度上有承先啓後之關係。黃以周編撰《禮書通故》融貫各家對於禮學方面之詮釋，最後加上自己之案語來說明。研讀此書可以發現其篇卷內容，會通古今禮學禮制之典籍，貫通古今禮學思想，並詳加闡釋，發皇晚清《三禮》學思想，使《禮書通故》成爲清末《三禮》之學集大成之作。

二、訓詁經文，體現漢學精神

黃以周感慨前人研究禮學，專取一家之弊，或逞一己之臆說，而失之偏頗。因此，想要會通「諸經」而作此《禮書通故》，其書篇目廣大。對於漢、宋學的立場，以周認爲經書必須要還原聖學傳統，至於對宋、明以來的「理學」，則承接顧炎武「經學即是理學」的說法，並以爲治學的方法當以條貫大要，會通諸經爲準，其所學所道不脫「禮」〔註1〕。黃以周一方面傳承前輩學者的學術風格，一方面因應時代的變遷而有創新發展，「漢、宋兼采」、「經世致用」的學術主張，彰顯在晚清「以學術挽救人心」的禮學思想上。在《禮書通故》〈六書通故〉共徵引 97 則古籍經文，而以《周禮》與《說文

〔註 1〕 《清國史》記其事曰：「鎮海胡洪安悦象山之言，與以周縱言義理。以周曰：『經外之學，非所知也。』」詳〔清〕國史館編：〈黃以周傳〉，《清史列傳》（臺北：明文書局，1985 年 6 月《清代傳記叢刊本》），頁 649。

解字》之注疏居多，足證黃以周受鄭玄注解經書之影響，對古籍注疏中音韻文字之訓詁，亦有深入之探究。黃以周傳承家學，善於旁徵博引，凡所訓釋，皆先列舊訓，後附己說。實事求是，創新小學訓詁之條例，值得後學取法。

黃以周在〈敘目〉中說：「是書草創於庚申（1860），告竣於戊寅（1878）。」身處晚清政局動盪與烽火擾攘的時代，黃以周排除萬難，歷時十九年才將《禮書通故》完稿。在清儒禮家中，成書最晚，囊括了《三禮》的種種內容，「通古今之變」，並清楚古代禮制發展的「終始之變」，融會先秦至清代諸儒論禮之說，加以疏通駁解，附以圖表，條分縷析，可謂爲集清代禮學之大成，《禮書通故》一書，開啓辨彰諸禮，融會諸說，並論斷各書真僞的門鑰。代表了晚清禮學的傳承與流播，也反映了漢學家將經學禮學化的傾向。

三、名物圖表，彰顯古禮風華

《禮書通故》一書，所記述的時代上起漢代，下迄於晚清，在縱面上傳承了禮學「通故」的思想，在橫面上，旁及諸子雜家「會通」的禮學思想，所徵引的內容，涵蓋〈禮書通故〉至〈名物通故〉，共四十七門，又有〈儀節圖〉、〈名物圖〉及〈敘目〉，共五十目。不僅內容力求「博通古今」、「會通眾說」之學術思想，更可以發揮「原始察終、見盛觀衰、承敝通變」之史學功效。

我國最早記錄「喪服制度」之古籍，就是《儀禮》和《禮記》。《禮書通故》〈喪服通故〉詮釋我國古禮中之「喪服制度」，詳實透闢，足以彰顯儒家人倫思想與宗法思想。至於〈喪服通故〉其所徵引之古籍〈喪服通故〉全篇228則，共徵引45種古籍，來詮釋經籍中之古禮古制。其中以《儀禮》與《禮記》徵引之次數居多，並徵引歷代經學家98位之解說。足證黃以周傳承家學，善於旁徵博引，詮釋古代喪服制度，實事求是，具有闡揚古禮古制之文獻價值。《禮書通故》全書闡述我國古代名物制度，除義理之闡釋外，並附加各種禮節圖（包括：冠禮、昏禮、相見禮、鄉飲禮、鄉射禮、燕禮、大射禮、聘禮、食禮、覲禮、喪禮、既夕禮、虞禮、特牲禮、少牢禮、徹禮等）、名物圖（包括：宮、服、玉、節、尊、樂、射、鼓、旗、兵、車、喪服、喪器等），參酌古籍古禮重新加以詮釋，使研讀此書之學者，能深入理解古代禮儀制度、名物制度。

四、回歸原典，釐清解經問題

探究《禮書通故》編撰之體例，依筆者拙見，有三點值得商榷：(1)援引古籍，不注出處：細讀《禮書通故》之篇卷，作者綜貫羣經，援引與禮學相關之古籍資料，卻不注明出處。(2)摘引諸說，不標姓名：《禮書通故》一書，博采眾論，全書摘引清代以前各家論述禮學之觀點，經常未標上姓名，僅在案語上陳述一己之見解。(3)引證經籍，改易內容：黃以周著《禮書通故》一書引證經籍，說明古代禮儀制度，卻增刪古籍內容文字，因此讀者檢索此書內容頗為不易。胡玉縉於《禮書通故·跋》評云：「作者難，讀者亦不易。凡徵引成說，或約舉，或竄改，在黃氏自成一家言，倘不求原書，而徑據其所引，便為不合。」〔註2〕禮學繁雜，諸多問題，眾說紛紜，猶如抽絲剝繭，治絲益棼。

揆諸史實，上述三點值得商榷的問題，乃清代學者著作時，引經據典的共通性。由於歷史背景的差異，而導致大相逕庭的解經內容。林師慶彰說：「中國經學的研究，每經過幾百年都會有回歸原典的運動發生。大部分學者在處理經學史上的問題的時候，都會涉及回歸原典。回歸原典是解決經典詮釋過程中所產生問題的良方。回歸原典的『原典』指儒家的十三經，它們都是聖人集團的成員所作，具有絕對的權威。『回歸』有兩層的意義，一是以原典作為尊崇和效法的對象，因為原典蘊含聖人之道；二是以原典作為探討對象，詳細考辨原典是否真的與聖人有關。」〔註3〕由此可見，「回歸原典」可以解決解經者，由於歷史與文化背景差異，所產生解經內容互異之衝突。因此「回歸原典」，已成為現代學者解決讀經問題的重要課題。

五、傳承禮學，振興儒家文化

《禮書通故》全書探討之範圍相當廣，時限相當長，舉凡經注史說，諸子雜家，上自秦漢經師，下逮當代學者，義有分歧，率皆甄錄，然後明辨是非，折衷至當。實事求是，不存門戶之見。對於《三禮》之學，向以鄭玄注為宗，但全書駁鄭處不下百條，其申鄭處亦復不少。並會通歷代數十百家之古籍，經師、學者之說，採擇各家之論述，考辨其說之真偽，或申或駁，實

〔註2〕〔清〕黃以周撰、王文錦點校：〈胡玉縉跋〉，《禮書通故》，頁2726。

〔註3〕參見林師慶彰，〈中國經學史上的回歸原典運動〉（《中國文化》，2009年第30期），頁1～9。

事求是，詳實至當。這部巨著，將中國兩千年來之古禮古制研究之成果，做一完整之總結。黃以周受浙東學派注重歷史研究之影響，《禮書通故》一書通古今之變，融合經史而成書，為當代禮學思想提供歷史之殷鑒，為晚清禮學注入宏觀之視野，振興儒家禮秩文化，開啟名物制度之學，影響後代禮學之發展甚巨。

黃以周主講南菁書十五年，培育弟子近千人，如、林頤山曾繼其師主講南菁書院，宣統初聘任禮學館纂修；張錫恭長於三禮，晚聘任禮學館纂修；陳慶年為學期於通經致用；曹元忠長於考證、辭章，尤擅長目錄、校勘之學；唐文治創辦上海南洋公學，繼而出使日、英，後奉派上海高等實業學堂校長。由此可見，黃以周主講南菁書院，江南諸高材生皆出其門。弟子們在學術、教育、政治等領域有卓越成就，均能傳承黃以周之禮學思想，對中國近代學術史產生極大之影響。目前《禮書通故》受到海內外學術界之關注與研究，足證《禮書通故》之學術地位是備受大家肯定。

明儒王陽明〈忘言嚴次鄒守益韻〉詩：

　　尼父欲無言，達者窺其本。

　　此道何古今，斯人去則遠。〔註4〕

此首詩足以發人深省，哲人雖已遠，典型在夙昔。誠然，在浩瀚之學術洪流中，古聖賢哲之智慧結晶，恰如源頭活水來，為中國文化之傳承，注入新生命。

本篇論文之撰寫，筆者受益良多，一、是從閱讀原典中，增進自己對古禮古制之理解，尤其參閱禮節圖、名物圖，更能深入瞭解古代禮儀制度與名物制度。二、從博覽群經與闡述禮學思想中，增進自己思辨之能力。三、從檢索文獻中，體察到圖書資料與網路資源須相輔相成，可減少迂迴摸索之困境。「附錄」〈王文錦《禮書通故》點校本析論〉，是筆者研究黃以周《禮書通故》寫作本篇論文之重要參考文本，故置於卷末以為附。

本篇論文之內容，受限於時間與個人才疏學淺，對《禮書通故》之探究仍有闕漏之處，筆者不敏，定黽勉自我，再接再厲，假以時日，繼續拓展探討範圍，使未來相關之研究能更臻完善。本篇論文，疏漏仍多，敬祈博學鴻儒，不吝指正賜教，謹致謝忱。

〔註4〕謝廷傑彙本《王陽明全書》（二）（臺北：正中書局，1955年），頁180。

參考文獻

一、黃以周著作

1. 《儆季所著書五種》，清光緒二十年江蘇南菁書院刊本。
2. 《十翼後錄》，收入《續修四庫全書》第 36～37 冊，據北京圖書館藏稿本影印。
3. 《周易注疏賸本》，收入《續修四庫全書》第 35 冊，據 1924 年施肇曾刻《十三經讀本》影印。
4. 《周易故訓訂》，收入《續修四庫全書》第 35 冊，據 1924 年吳江施肇曾刻《十三經讀本》影印。
5. 《尚書講義》，收入《續修四庫全書》第 50 冊，據清光緒二十一年南菁講舍刻本影印。
6. 《禮說略》，收入《續修四庫全書》第 112 冊，據南菁書院本縮印。
7. 《禮說》，收入《續修四庫全書》第 112 冊，據上海辭書出版社圖書館藏清光緒二十年南菁講舍刻《儆季雜著本》本影印。
8. 《群經說》，收入《續修四庫全書》第 178 冊，據上海辭書出版社圖書館藏清光緒二十年南菁講舍刻《儆季雜著本》本影印。
9. 《經訓比義》，臺北：廣文書局，1977 年。
10. 〔清〕黃以周：《南菁講舍文集》，南京：江蘇教育出版社，1995 年。
11. 《子思子》，臺北：廣文書局，1975 年。

二、古籍（依《四庫全書》分類法）（各部依時代先後排序）

（一）經部

1. 〔魏〕王弼、〔晉〕韓康伯注、〔唐〕孔穎達正義：《周易正義》，板橋：

藝文印書館，1998 年。

2. 舊題〔漢〕孔安國傳、〔唐〕孔穎達正義：《尚書正義》，板橋：藝文印書館，1998 年。

3. 〔漢〕毛亨傳、鄭玄箋、〔唐〕孔穎達正義：《毛詩正義》，板橋：藝文印書館，1998 年。

4. 〔漢〕鄭玄注、〔唐〕賈公彥疏：《周禮注疏》，板橋：藝文印書館，1998 年。

5. 〔漢〕鄭玄注、〔唐〕賈公彥疏：《儀禮注疏》，板橋：藝文印書館，1998 年。

6. 〔漢〕鄭玄注、〔唐〕孔穎達正義：《禮記正義》，板橋：藝文印書館，1998 年。

7. 〔晉〕杜預注、〔晉〕孔穎達正義：《春秋左傳正義》，板橋：藝文印書館，1998 年。

8. 〔漢〕何休、舊題〔唐〕徐彥疏：《春秋公羊傳注疏》，板橋：藝文印書館，1998 年。

9. 〔晉〕范寧注、〔唐〕楊士勛疏：《春秋穀梁傳注疏》，板橋：藝文印書館，1998 年。

10. 〔魏〕何晏集解、〔宋〕邢昺正義：《論語注疏》，板橋：藝文印書館，1998 年。

11. 〔晉〕郭璞注、〔宋〕邢昺疏：《爾雅注疏》，板橋：藝文印書館，1998 年。

12. 〔東漢〕趙岐注、舊題〔宋〕孫奭疏：《孟子注疏》，板橋：藝文印書館，1998 年。

13. 〔漢〕許慎撰、鄭玄：《駁五經異義》，收入《叢書集成續編》，《漢魏遺書鈔》，臺北：藝文印書館，1970 年。

14. 〔唐〕陸德明撰、吳承仕疏證：《經典釋文序錄疏證》，北京：中華書局，2008 年。

15. 〔宋〕朱熹：《四書章句集注》，臺北：鵝湖出版社，1998 年。

16. 〔元〕陳澔：《禮記集說》，上海：上海古籍出版社，1987 年。

17. 〔元〕敖繼公：《儀禮集說》，收入《景印文淵閣四庫全書》第 105 冊。

18. 〔明〕郝敬：《儀禮節解》，收入《續修四庫全書》第 85 冊，據明萬曆間郝千秋郝千石刻《九部經解》本影印。

19. 〔明〕胡廣等：《禮記大全》，收入《景印文淵閣四庫全書》。

20. 〔清〕張爾岐：《儀禮鄭注句讀》，臺北：學海出版社，1997 年。

21. 〔清〕朱彝尊：《經義考》，《四部備要》本。

22. 〔清〕徐乾學：《讀禮通考》，收入《景印文淵閣四庫全書》第 112 冊。

23. 〔清〕江永：《禮書綱目》，收入《景印文淵閣四庫全書》第 45 冊，據《廣雅書局叢書》本影印。

24. 〔清〕秦蕙田：《五禮通考》，臺北：聖環圖書公司，1994 年。

25. 〔清〕戴震：《考工記圖》，收入《續修四庫全書》第 85 冊，據清乾隆《紀氏閱微草堂》刻本影印。

26. 〔清〕戴震：《孟子字義疏證》，臺北：臺灣商務印書館，1968 年。

27. 〔漢〕許慎著、〔清〕段玉裁注：《說文解字注》，臺北：書銘出版社，1992 年。

28. 〔清〕孫希旦著、沈嘯寰、王星賢點校：《禮記集解》，臺北：文史哲出版社，1990 年。

29. 〔清〕王念孫：《廣雅疏證》，南京：江蘇古籍出版社影印本，1984 年。

30. 〔清〕淩廷堪：《禮經釋例》，北京：中華書局，1998 年。

31. 〔清〕焦循：《群經宮室圖》，《清經解續編》本。

32. 〔清〕阮元編纂：《經籍纂詁》，臺北：鳴宇出版社，1979 年。

33. 〔清〕宋世犖：《周禮故書疏證》，上海：上海古籍出版社，1995 年。

34. 〔清〕王引之：《經義述聞》，臺北：臺灣商務印書館，1979 年。

35. 〔清〕黃式三：《春秋釋》，清光緒十四年定海黃氏家塾續刻本，收入《續修四庫全書》第 148 冊。

36. 〔清〕黃式三：《論語後案》，清道光二十四年聚珍活字刻本，收入《續修四庫全書》第 155 冊。

37. 〔清〕夏炘：《學禮管釋》，收入《續修四庫全書》第 93 冊，據南菁書院本縮印。

38. 〔清〕劉寶楠撰，高流水點校：《論語正義》，北京：中華書局，2007 年。

39. 〔清〕陳壽祺：《五經異義疏證》，《清經解》本。

40. 〔清〕皮錫瑞：《經學通論》，臺北：學海出版社，1985 年。

41. 〔清〕孫詒讓撰：王文錦、陳玉霞點校：《周禮正義》，北京：中華書局，1987 年。

42. 〔清〕黃以周撰，王文錦點校：《禮書通故》，北京：中華書局，2007 年。

43. 〔清〕廖平《今古學考》，《續修四庫全書》影印清光緒十二年成都刻《四益館經學叢書》本，第 179 冊。

44. 〔清〕盛世佐：《儀禮集編》，收入《景印文淵閣四庫全書》第 110～111 冊，據國立故宮博物院藏本影印。

（二）史類

1. 〔漢〕司馬遷：《史記》，臺北：鼎文書局，1987 年。

2. 〔漢〕班固、〔唐〕顏師古注：《漢書》，臺北：鼎文書局，1987 年。

3. 〔唐〕魏徵、令狐德棻：《隋書》，臺北：鼎文書局，1987 年。

4. 〔後晉〕劉昫等：《舊唐書》，臺北：鼎文書局，1987 年。

5. 〔劉宋〕范曄撰、〔唐〕李賢等注：《後漢書》，臺北：鼎文書局，1987
年。

6. 〔唐〕杜佑撰、王文錦、王永興、劉俊文、徐庭雲、謝方點校：《通典》，
北京：中華書局，2007 年 1 月。

7. 〔宋〕歐陽修、宋祁：《新唐書》，臺北：鼎文書局，1987 年。

8. 〔宋〕王溥：《唐會要》，臺北：世界書局，1974 年。

9. 〔宋〕王堯臣等：《崇文總目》，《景印文淵閣四庫全書》本。

10. 〔宋〕陳振孫：《直齋書錄解題》，上海古籍出版社，1987 年。

11. 〔宋〕晁公武撰，孫猛校證：《郡齋讀書志校證》，上海古籍出版社，1990
年。

12. 〔宋〕鄭樵：《通志》，北京：中華書局，1995 年。

13. 〔宋〕朱熹：《宋名臣言行錄五集》，臺北：文海出版社，1967 年。

14. 〔宋〕朱熹：《白鹿洞書院志》，南京：江蘇教育出版社，1995 年。

15. 〔清〕章學誠：《文史通義》，臺北：國史研究室，1972 年。

16. 〔清〕黃式三：《周季編略》，臺北：國防研究院、中華大典編印會，1967
年。

17. 〔清〕史致馴修、陳重威、黃以周纂：《光緒定海廳志》，上海：上海書
店，1993 年。

18. 〔清〕王先謙：《後漢書集解》，北京：中華書局，1991 年。

19. 〔清〕永瑢、紀昀等撰：武英殿本《四庫全書總目提要》，臺北：臺灣商
務印書館，1983 年。

20. 〔清〕胡玉縉撰、王欣夫輯：《四庫全書總目提要補正》，上海：上海書
店出版社，1998 年。

21. 〔清〕國史館編、王鍾翰點校：《清史列傳》，臺北：明文書局，1985
年。

22. 〔清〕張之洞撰、范希曾補正：《書目答問補正》，上海：上海古籍出版
社，1983 年。

23. 〔清〕李元度：《國朝先正事略》，《續修四庫全書》影印清同治八年刻
本。

24. 〔清〕江藩：《國朝漢學師承記》，《續修四庫全書》影印清嘉慶十七年刻本。

25. 〔清〕皮錫瑞撰、周予同注：《經學歷史》，板橋：藝文印書館，2004 年 3 月。

（三）子類

1. 〔魏〕王肅：《孔子家語》，臺北：中國子學名著集成編印基金會，1978 年。

2. 〔宋〕周敦頤：《周子通書》，臺北：臺灣中華書局，1971 年《四部備要》本。

3. 〔清〕顧炎武撰，黃汝成箋：《日知錄集釋》，上海：上海古籍出版社，1985 年。

4. 〔清〕錢大昕：《十駕齋養新錄》，《清經解》本。

5. 〔清〕陳澧：《東塾讀書記》，臺北：臺灣商務印書館，1970 年。

6. 〔清〕俞樾：《諸子平議》，臺北：臺灣商務印書館，1978 年。

7. 〔清〕王先謙：《荀子集解》，臺北：世界書局，1991 年。

（四）集類

1. 〔宋〕張載：《張載集》，北京：北京中華書局，1978 年。

2. 〔明〕謝廷傑編：《王陽明全書》，臺北：正中書局，1955 年。

3. 〔清〕顧炎武著：《顧炎武詩文集》，北京：中華書局，1959 年。

4. 〔清〕黃宗羲：《黃宗羲全集》，杭州：浙江古籍出版社，1993 年。

5. 〔清〕張爾岐：《蒿庵閒話》，濟南：齊魯書社，1991 年。

6. 〔清〕錢大昕：《潛研堂文集》，選自《四部叢刊正編》，臺北：臺灣商務印書館，1979 年。

7. 〔清〕戴震：《戴震文集》，北京：中華書局，1980 年。

8. 〔清〕盧文弨：《抱經堂文集》，北京：中華書局，1990 年。

9. 〔清〕凌廷堪：《校禮堂文集》，北京：中華書局，1995 年。

10. 〔清〕焦循：《雕菰集》，臺北：鼎文書局，1977 年。

11. 〔清〕阮元：《揅經室集》，北京：中華書局，1993 年。

12. 〔清〕黃式三：《儆居集》，清道光二十三年刊本。

13. 〔清〕黃式三：《儆居遺書》，清光緒十四年續刊本。

14. 〔清〕俞樾編：《詁經精舍課藝七集》，清光緒二十一年刊本。

15. 〔清〕王夫之撰，船山全書編輯委員會編校：《船山全書》，長沙：嶽麓書社，1988 年。

16. 〔清〕龔自珍:《龔自珍全集》,上海:上海人民出版社,1975 年。

17. 〔清〕魏源:《魏源集》,北京:中華書局,1976 年。

二、現代專著(依作者姓氏筆劃排序)

1. 王逸明:《定海黃式三黃以周年譜稿》,北京:學苑出版社,2000 年。

2. 王鍔著:《三禮研究論著提要》,蘭州:甘肅教育出版社,2001 年。

3. 王俊義、黃愛平:《清代學術文化史論》,臺北:文津出版社,1999 年。

4. 方祖猷:《清初浙東學派論叢》,臺北:萬卷樓圖書有限公司,1996 年。

5. 支偉成:《清代樸學大師列傳》,臺北:藝文印書館,1970 年。

6. 朱維錚編:《周予同經學史論著選集》(增訂本),上海:上海人民出版社 1996 年。

7. 李肇翔編輯:《續修四庫全書總目提要》,北京:中華書局,1993 年。

8. 沈雲龍:《近代中國史料叢刊》,臺北:文海出版社,1973 年。

9. 呂思勉:《經子解題》,臺北:臺灣商務印書館,1972 年。

10. 何冠彪:《明末清初學術思想研究》,臺北:臺灣學生書局,1991 年。

11. 金梁:《近世人物志》,《清代傳記叢刊》本,臺北:明文書局,1985 年。

12. 林師慶彰編:《中國經學史論文選集》(上),臺北:文史哲出版社,1992 年。

13. 林師慶彰編:《中國經學史論文選集》(下),臺北:文史哲出版社,1993 年。

14. 林師慶彰、陳恆嵩主編、何淑蘋等編輯:《經學研究論著目錄》(1993〜 1997),臺北:漢學研究中心,2002 年。

15. 林師慶彰、張壽安主編:《乾嘉學者的義理學》,臺北:中央研究院中國 文哲研究所,2003 年。

16. 林師慶彰主編:《五十年來的經學研究》,臺北:臺灣學生書局,2003 年。

17. 林師慶彰、蔣秋華主編:《李源澄著作集》,臺北:中央研究院中國文哲 研究所,2008 年。

18. 林存陽:《清初三禮學》,北京:社會科學文獻出版社,2002 年 12 月。

19. 柯紹忞編、中國科學院圖書館整理:《續修四庫全書總目提要》,北京: 中華書局,1993 年。

20. 洪煥椿:《浙江文獻叢考》,杭州:浙江人民出版社,1983 年。

21. 徐世昌纂:《清儒學案》,北京:中華書局,2008 年。

22. 徐復觀:《徐復觀論經學史二種》,上海:上海書店出版社,2006 年。

23. 周何：《古禮今談》，臺北：萬卷樓圖書有限公司，1992 年 5 月。

24. 高明：《群經述要》，臺北：黎明文化事業公司，1979 年。

25. 金梁：《近世人物志》，《清代傳記叢刊》本，臺北：明文書局，1985 年。

26. 唐文治：《茹經堂文集》，《近代中國史料叢刊續編》第四輯，臺北：文海出版社，1973 年。

27. 唐文治：《尚書大義》，臺北：廣文書局，1970 年。

28. 唐鑑：《清儒學案小識》，《清代傳記叢刊》本，臺北：明文書局，1985 年。

29. 梁啓超撰：《梁啓超史學論著四種》，長沙：嶽麓書社，1998 年。

30. 梁啓超撰：《中國近三百年學術史》，臺北：里仁書局，1995 年。

31. 胡楚生：《清代學術史研究》，臺北：臺灣學生書局，1988 年。

32. 章太炎：《訄書》，臺北：世界書局，1987 年。

33. 陳祖武主編：《明清浙東學術文化研究》，北京：中國社會科學出版社，2004 年。

34. 陳訓正、馬瀛等撰修：《浙江省定海縣志》，臺北：成文出版社，1970 年。

35. 陸寶千：《清代思想史》，臺北：廣文書局，1983 年。

36. 楊天宇：《經學探研錄》，上海：上海古籍出版社，2004 年。

37. 麥仲貴：《明清儒學家著述生卒年表》，臺北：臺灣學生書局，1977 年。

38. 張舜徽：《清人文集別錄》，臺北：明文書局，1982 年。

39. 張舜徽：《清儒學記》，濟南：齊魯書社，1991 年。

40. 張壽安：《以禮代理——凌廷堪與清中葉儒學思想之轉變》，石家莊：河北教育出版社，2001 年。

41. 張麗珠：《清代義理學新貌》，臺北：里仁書局，1999 年。

42. 張麗珠：《清代新義理學》，臺北：里仁書局，2003 年。

43. 廖正雄：《《通典》的編纂創新及其史學思想》，臺北：花木蘭文化工作坊，2005 年 12 月。

44. 葉國良：《古代禮制與風俗》，臺北：臺灣書店，1997 年。

45. 蔡冠洛：《清代七百名人傳》，《清代傳記叢刊》本，臺北：明文書局，1985 年。

46. 黃侃：《黃侃論學雜著》，北京：中華書局，1964 年。

47. 黃永武：《許慎之經學》，臺灣：中華書局，1972 年。

48. 黃秀政：《顧炎武與清初經世學風》，臺北：臺灣商務印書館，1978 年。

49. 萬斌主編：《浙學研究集萃》，上海：上海古籍出版社，2005 年。

50. 熊十力：《讀經示要》，臺北：明文書局，1984 年。

51. 趙爾巽等撰：《清史稿》，北京：中華書局，1977 年。

52. 嚴文郁：《清儒傳略》，臺北：臺灣商務印書館，1990 年。

53. 廖正雄：《通典》的編纂創新及其史學思想，臺北：花木蘭文化工作坊，2005 年 12 月。

54. 葉國良：《古代禮制與風俗》，臺北：臺灣書店，1997 年。

55. 劉師培：《國學發微》，臺北：廣文書局，1986 年。

56. 劉師培：《劉師培辛亥前文選》，北京：三聯出版社，1998 年。

57. 劉師兆祐：《三禮總義著述考》，臺北：國立編譯館，2003 年。

58. 蔣秋華主編：《乾嘉學者的治經方法》，臺北：中央研究院中國文哲研究所，1990 年。

59. 蔡冠洛：《清代七百名人傳》《清代傳記叢刊本》，臺北：明文書局，1985 年。

60. 錢玄：《三禮通論》，南京：南京師範大學出版，1996 年。

61. 錢穆：《中國近三百年學術史》，臺北：臺灣商務印書館，1972 年。

62. 錢穆：《中國學術思想史論叢》，臺北：東大圖書公司，1980 年。

63. 繆荃孫纂錄：《續碑傳集》，臺北：文海出版社，1973 年。

三、單篇論文（依作者姓氏筆劃排序）

1. 王惠榮：〈從晚清漢學區域之發展看漢宋調和〉，《安徽史學》，2009 年第 2 期。

2. 史革新：〈略論晚清漢學的興衰與變化〉，《史學月刊》，2003 年第 3 期。

3. 余全介：〈定海黃式三、黃以周父子《尚書學》研究〉，《浙江海洋學院學報（人文科學版）》，2011 年第 1 期。

4. 林師慶彰：〈晚明經學的復興運動〉，《書目季刊》，第 18 卷第 3 期，1984 年 12 月。

5. 林師慶彰，〈中國經學史上的回歸原典運動〉（《中國文化》，2009 年第 30 期）。

6. 林存陽：〈黃式三、以周父子「禮學即理學」思想析論〉，《浙江社會科學》，2001 年第 5 期。

8. 林存陽：〈秦蕙田與《五禮通考》〉，《北京聯合大學學報》，第 3 卷第 4 期，2005 年 12 月。

9. 林素英：〈三禮地位在歷代之升降問題〉，《第四屆中國經學國際學術研討會會議論文集》，臺北：臺灣大學文學院，2011 年 3 月 18、19 日。

10. 林時民：〈通古今之變」的史學傳統〉，《臺灣師大歷史學報》，第 34 期，

2005 年 12 月。

11. 何佑森:〈清代經學思潮〉,《清代經學國際研討會論文集》,臺北:中央研究院中國文哲研究所,1994 年 6 月。

12. 汪林茂:〈從傳統到近代──晚清浙江學術的變遷〉,《浙江大學學報(人文社會科學版)》,2004 年第 4 期。

13. 周積明、雷平:〈清代浙東學派學術譜系的構建〉,《學術月刊》,2004 年第 6 期。

14. 周聰俊:〈《禮書通故》徵引考〉,〔人文學科〕國科會計畫,國立臺灣科技大學共同科系計畫編。

15. 周愚文:〈司馬光的家訓內涵及其對宋代家族教育的影響〉,《師大學報》(教育類),第 50 卷第 2 期,2005 年 10 月。

16. 孫善根:〈論清代浙東學派的歷史地位〉,《浙江學刊》,1996 年第 2 期。

17. 孫運君、楊振姣:〈從書院祭主變化看晚清學術思想之轉圜──以詁經、南菁兩書爲爲例〉,《船山學刊》,2006 年第 2 期。

18. 商瑈:〈求是與經世──黃式三的《論語》學〉,臺中:中興大學中國文學系主辦,2006 年經學與文化學術研討會,2006 年 12 月 8 日。

19. 商瑈:〈黃式三「易釋」的「通貫」精神〉,《東吳中文學報》,第 16 期,2008 年 11 月。

20. 商瑈:〈「稽古」與「易簡」──黃式三的「尚書學」〉,《北商學報》,第 15 期,2009 年 1 月。

21. 商瑈:〈黃式三詩、禮互證的「詩經」研究〉,《2008 人文研究學術獎論文集》,臺北:國立臺灣師範大學人文教育研究中心,2009 年。

22. 諸煥燦:〈清代浙東學術概說〉,《寧波教育學院學報》,第 1 卷第 1 期,1999 年 9 月。

23. 董建和、陳培敏:〈明清浙東經、史「家學」〉,《浙江師大學報(社會科學版)》,1995 年第 6 期。

24. 陳祖武:〈晚清七十年之思想與學術〉,《清代學術論叢》,第 3 輯,臺北:文津出版社,2002 年。

25. 陳居淵:〈清代的家學與經學──兼論乾嘉漢學的成因〉,《漢學研究》,第 16 卷第 2 期,1998 年 12 月。

26. 陳宥蓁:〈儀禮中爲「父」「母」名者服喪制度及其所蘊含的文化現象〉,嘉義:《中正大學學報》,第 6 期,2005 年。

27. 陳東輝:〈詁經精舍與清代中後期浙江漢學〉,臺北:中央研究院中國文哲研究所主辦,浙江學者的經學研究第二次學術研討會,2005 年 12 月 8、9 日。

28. 張壽安:〈黃式三對戴震思想之回應〉,《清代學術論叢》,第 3 輯,臺北:

文津出版社，2002 年。

29. 張壽安：〈明清禮學轉型與清代禮學之特色〉，收入楊晉龍主編：《清代揚州學術》，2005 年 4 月。

30. 張麗珠：〈清代之三禮學復興暨清初禮學名家〉，《經學研究集刊》，第 6 期，2009 年 5 月。

31. 張涅：〈關於定海黃氏著作的研究資料〉，「紀念全祖望誕辰三百周年暨浙東學派與中國實學文化研討會」，2005 年 10 月。

32. 張濤：〈述《五禮通考》之成書〉，西安：第二屆中國經學國際學術研討會論文，2007 年 8 月。

33. 喬秀岩：《「禮是鄭學」說〉，《經學研究論叢》，第 6 輯，1999 年。

34. 黃海嘯：〈禮理之辯與黃式三、以周父子對清代禮學的總結〉，《蘭州大學學報》（社會科學版），第 34 卷第 5 期，2006 年 9 月。

35. 黃雅玲：〈從黃氏家譜看家族文化基因對黃式三父子的人格影響〉，《浙江海洋學院學報》，第 26 期，2009 年。

36. 程克雅：〈晚清四川經學家的三禮學研究〉，《儒藏論壇》，第 2 輯，2008 年 11 月 22 日。

37. 程克雅：〈黃以周〈論書院〉與「學校禮」考述〉，臺北：中央研究院中國文哲研究所主辦「浙江學者的經學研究第一次學術研討會」，2005 年 6 月 23、24 日。

38. 程克雅：〈晚清浙學與「漢學」知識系譜—以俞樾、黃以周、孫詒讓為主軸的探究〉，臺北：中央研究院中國文哲研究所主辦「浙江學者的經學研究第二次學術研討會」，2005 年 12 月 8、9 日。

39. 程繼紅：〈黃式三、黃以周與浙東學派的關係及傳衍〉，《浙江社會科學》，2001 年第 11 期，2010 年 11 月。

40. 曹美秀：〈黃式三經學試探──以「尚書啓蒙」為例〉，《書目季刊》，第 42 卷第 3 期，2008 年 12 月。

41. 范琳璐：〈黃式三、黃以周父子與王國維在學術思想上的比較〉，《大眾文藝》，2012 年第 1 期。

42. 楊志剛：〈秦蕙田《五禮通考》撰作特點析論〉，國立高雄師範大學經學研究所，《經學研究集刊》，第 3 期，2007 年 10 月。

43. 楊太辛：〈浙東學派的涵義及浙東學術精神〉，《浙江社會科學》，1996 年第 1 期。

44. 楊際開：〈評張壽安：《以禮代理──凌廷堪與清中葉儒學思想之轉變》〉，《二十一世紀》網絡版，2005 年 1 月號。

45. 蔡克驕：〈「浙東史學」再認識〉，《史學理論研究》，2002 年第 3 期。

46. 詹海雲：〈清代浙東學者的經學特色〉，《清代經學國際研討會論文集》，

臺北：中央研究院中國文哲研究所，1994 年。

47. 詹亞園：〈黃以周《禮書通故》小議〉，《浙江海洋學院學報（人文科學版）》，第 24 卷第 3 期，2007 年 9 月。

48. 劉永青：〈清代禮學研究的特點〉，《齊魯學刊》，2008 年第 6 期。

49. 謝保成：〈論《通典》的性質與得失〉，《中國史研究》，1992 年第 1 期。

50. 賴師貴三：〈黃式三、黃以周父子《易》學初探〉，臺北：中央研究院中國文哲研究所主辦，「浙江學者的經學研究第二次學術研討會」，2005 年 12 月 8、9 日。

51. 賴師貴三：〈清代乾嘉揚州學派經學研究的成果與貢獻〉，臺北：中央研究院中國文哲研究所。

52. 魏永生：〈黃式三學術思想評議〉，《東方論壇》，2000 年第 3 期。

53. 韓偉表：〈黃式三、黃以周《易》學著作序跋譾述〉，《浙江海洋學院學報》（人文科學版），2010 年第 4 期。

54. 潘斌著：〈近二十多年來鄭玄《三禮注》研究綜述〉，《古籍整理研究學刊》，2007 年第 5 期。

55. 鄭吉雄：〈浙東學術名義檢討──兼論浙東學術與東亞儒學〉，《明清浙東學術文化研究》，北京：中國社會科學出版社、寧波：寧波出版社，2004 年。

四、學位論文（依作者姓氏筆劃排序）

（一）博士論文

1. 李江輝：《晚清江浙禮學研究》，西安：西北大學歷史學專業博士論文，2007 年。

2. 商瑈：《黃式三學術思想研究》，彰化：彰化師範大學國文學系博士論文，2010 年。

3. 程克雅：《乾嘉學者「以例釋禮」解經方法比較研究》，臺北：臺灣師範大學國文研究所博士論文，1998 年。

4. 陳邦禎：《顧亭林先生學術思想研究》，臺北：文化大學中國文學研究所博士論文，1988 年。

5. 蔡長林：《常州莊氏學術新論》，臺北：臺灣大學中國文學研究所博士論文，2000 年。

6. 葉純芳：《孫詒讓《周禮》學研究》，臺北：東吳大學中國文學研究所博士論文，2006 年。

（二）碩士論文

1. 丁進：《兩《戴記》考論》，合肥：安徽大學中國古代文學碩士論文，2002 年。

2. 李秀珠：《黃以周及其《禮書通故》中之昏禮、喪禮學研究》，高雄：臺灣高雄師大碩士論文，2009 年。

3. 孟憲夫：《黃以周及其思想研究》，高雄：中山大學中國文學研究所碩士論文，2010 年。

4. 彭怡文：《《禮書通故》中女子喪服禮考》，臺中：東海大學中國文學系碩士論文，2010 年。

5. 胡麗靜：《《大戴禮記解詁》之研究》，福州：福建師範大學漢語文字學碩士論文，2008 年。

6. 孫致文：《孫詒讓《周禮正義》研究》，桃園：中央大學中國文學研究所碩士論文，1998 年。

7. 張旭：《〈六書通故〉研究》，西安：陝西師範大學中國古典文獻學碩士論文，2008 年。

8. 黃小蓁：《黃以周《禮書通故》「宗法觀」及「喪服論」研究》，高雄：高雄師範大學國文研究所碩士論文，2011 年。

9. 項世勳：《清儒黃式三、黃以周父子《易》學研究》，臺北：臺灣師範大學國文研究所碩士論文，2007 年。

10. 梁勇：《萬斯大及其禮學研究》，北京：中國社會科學院研究生院碩士論文，2000 年。

11. 陳麗妃：《秦蕙田之昏禮學研究》，高雄：高雄師範大學經學研究所碩士論文，2008 年。

12. 曾丹群：《喪服服飾變遷之研究》，高雄：高雄師範大學國文所碩士論文，2009 年。

13. 馮素梅：《試論清代《三禮》學研究》，太原：山西大學中國古代史專業碩士論文，2007 年。

14. 顧遷：《黃以周及其《禮書通故》研究》，南京：南京大學中國古代文學專業碩士論文，2008 年。

15. 藍瑤：《朱彬《禮記訓纂》研究》，南京：南京師範大學中國古典文獻學專業碩士論文，2007 年。

16. 魏立帥：《晚清漢學派禮學研究》，濟南：山東師範大學中國近現代史專業碩士論文，2007 年。

五、數位資源

1. 文淵閣四庫全書電子版：迪志文化出版有限公司授權臺灣師範大學圖書館資料庫使用。

2. 故宮【寒泉】古典文獻全文檢索資料庫，http://libnt.npm.gov.tw/s25/。

3. 中央研究院漢籍電子文獻，http://www.sinica.edu.tw/~tdbproj/handy1/。

4. 臺灣中文古籍書目資料庫
   http://rarebook.ncl.edu.tw/rbook.cgi/frameset4.htm。

5. 學術研究黃以周
   http://www.zjol.com.cn/05edu/system/2007/11/14/008970584.shtml。

6. 中國近代學術名家：定海黃氏父子：黃式三、黃以周，黃氏宗親網
   http://blog.sina.com.cn/huangsgz。

附錄：王文錦《禮書通故》點校本評介[*]

摘　要

　　晚清學者的禮學研究，承襲清代中葉以來的說釋禮義、考證禮制傳統，其中又以浙江定海學者黃以周（1828～1899）《禮書通故》爲最著。《禮書通故》全書共一百卷，其書篇幅廣大，凡詳考禮制，多正舊說之誤，釋後人之疑。全書凡列五十目，參酌戴聖《石渠奏議》、許愼《五經異議》編撰體例，凡所徵引成說，或約舉，或竄改，而自成一家之言。王文錦（1927～2002）以當代禮學專家的深厚學養，擔任校點《禮書通故》的重任，他以重修本爲工作本，吸收黃家駫、黃家驥《禮書通故校文》的成果，對全書做了全面而精到的校勘和標點，凡有改動，都寫出校記。《禮書通故》點校本的成書，嘉惠學者閱讀的方便。本文首先簡介王文錦的生平事略及著作大要，其次論述點校《禮書通故》的體例與特色，最後歸納《禮書通故》點校本的學術價值，及整理解讀此書對當今研究《三禮》的貢獻。在取材方面注重背景知識之探討，蒐集王文錦點校《三禮》之相關著作，加以判讀，整理、分析、歸納、比較研究，以期能深入王文錦禮學思想。

關鍵詞：黃以周、王文錦、《禮書通故》、《三禮》、點校。

一、前　言

　　我國古典文獻卷帙浩繁，因朝代之更迭、傳抄版本之異同、句讀斷句之訛誤等，造成後代學者引用或檢索文獻之不便，常有郢書燕說之現象。因此

＊臺北：中央研究院中國文哲研究所主辦「新中國六十年的經學研究（1950～2010）第一次學術研討會」，2011 年 7 月 14～15 日，第五場筆者宣讀此篇論文。

要讀懂讀通古籍，必須明辨句讀。古人讀書，重視句讀，《禮記‧學記》說到大學教育，首先就要明白句讀，曰：「一年視離經辨志。」鄭玄注解：「離經，斷句絕也。辨志，謂別其心意所趣鄉也。」〔註1〕指出句讀明白，文理始通，是學者研讀古籍的基本工夫。

古籍整理目前最主要的工作方式是點校，在版本、目錄、校勘、訓詁各問題當中，校勘最值得討論。〔註2〕近年來臺灣和中國大陸有許多專家學者及出版社，積極投入整理古籍並加以「點校」的工作，以落實「回歸原典」〔註3〕及方便讀者閱讀的目標。「點校」是對古籍標點、校訂的簡稱，亦稱校點。它是重新編輯古籍，並加上新式標點，使詰屈聱牙的文句，成為便於閱讀的書籍，是整理古典文獻的一項基礎性工作。有正確的標點，方有助於古典文獻的流傳和普及。

王文錦（1927～2002）以當代禮學專家的深厚學養，承擔點校《禮書通故》的重任，他以重修本為工作本，吸收黃家駕、黃家驥《禮書通故校文》的成果，對全書做了全面而精到的校勘和標點，凡有改動都寫出校記。又為全書編制了詳細目錄，後附胡玉縉（1859～1940）〈禮書通故跋〉，供讀者參考。〔註4〕王文錦去世以後，其弟子喬秀岩受囑託，代為覆閱《禮書通故》的校樣，他對王先生的點校有所增訂補益，並撰為〈覆校記〉，排在全書之末，正文相關部分則加星號（＊）作為標幟，以便參閱。〔註5〕《禮書通故》點校本的成書，對研究晚清禮學思想的學者而言，可以減少迂迴摸索的困境，更具有重要的學術參考價值。

〔註1〕　〔漢〕鄭玄注，〔唐〕孔穎達疏：〈學記〉，《十三經注疏‧禮記正義》（臺北：藝文印書館，1993 年 9 月），卷 36，頁 649。

〔註2〕　橋本秀美：〈古籍整理的理論與實踐〉「儒家經典之形成」第十一次專題演講，中央研究院中國文哲研究所，2007 年 2 月 8 日。按喬秀岩即橋本秀美。

〔註3〕　詳參林師慶彰：〈中國經學發展的幾種規律〉：「所謂『原典』，指儒家原始經典。這些經典的形成過程，因都跟聖人有關，所以經書中有聖人的微言大義。……所謂『回歸』，至少有兩層的意義。其一，以原典作為尊崇和效法的對象，這是因為原典有聖人之道在內。其二，以原典作為檢討的對象，詳細考辨原典是否與聖人有關，如果無關，這些典籍最原始的面貌是什麼？這兩層意義的『回歸』，目的雖有不同，但都以原典為對象來進行各自的學術活動。」收入《經學研究集刊》，第 7 期（2009 年 11 月），頁 110。

〔註4〕　〔清〕黃以周撰、王文錦點校：〈點校前言〉，《禮書通故》（北京：中華書局，2007 年），頁 1～4。

〔註5〕　同上注，頁 6。

二、王文錦生平與著作述要

王文錦，祖籍天津，於 1927 年 3 月 5 日生於北京。一生愛好文史，1949年 2 月畢業於中國大學文學系。課業之外，復從孫蜀丞先生（1896～1966），鑽研《三禮》。1963 年，經孫先生推薦，到中華書局古代史組作臨時工，參加校點《二十四史》項目。《二十四史》由名家校點，王文錦擔任編輯，負責整理《北齊書》、《北周書》，另校閱《續漢志》、《晉書》、《南齊書》、《隋書》中〈禮志〉、〈輿服志〉等，提出修改意見。1966 年王文錦與陳玉霞結婚。此年文化大革命開始，《二十四史》校點項目停頓。1979 年 2 月至新華社圖書館工作。〔註6〕

1980 年三月，正式調入中華書局。校點整理《通典》之同時，1981 年起用業餘時間點校《大戴禮解詁》、《周禮正義》。《通典》、《周禮正義》交稿後，陸續校點《野客叢書》、《識小編》、《抱經堂文集》、《校禮堂文集》等，皆由中華書局出版。又標點《古逸叢書》本《莊子義疏》，收入中華書局補刊《叢書集成》。此外，中華書局出版《唐律疏義》、《廿二史劄記校證》等書，王文錦為責任編輯，用力極勤。王文錦點校古籍，集中在 1980 年至 1990 年十年之間。《禮書通故》、《求古錄禮說》亦在此期間完成點校。2001 年撰寫《禮記譯解》，此書由中華書局出版。2002 年 2 月 3 日病逝於北京廣安門醫院，享年七十五。〔註7〕

綜合上述，可知王文錦一生歷經政移時變之時代，雖然遭逢文化大革命之迫害，與夫人歷經十年之艱困生活。但他憑著堅定之意志力，在平反之後，仍擔任中華書局編審，為當代公認的禮學名家，他的著作，大多以禮學為範疇，在禮學方面的研究成就，嘉惠後代學者。王文錦一生的著述，包括著作與點校古籍二部份，茲概述如下：

〔註6〕 詳參喬秀岩：〈王文錦老師的生平與學術〉：「王文錦夫妻被迫遷居海淀，找各種臨時雜工續命。1970 年開始到延慶僻壤過農村生活。王文錦日後曾用筆名夢樵，據云當時砍柴極其艱苦，睡中猶作砍柴夢。1966 年至 1978 年王師與師母相濡以沫，十幾年之艱難生活，殊非外人得以想像。1979 年 2 月新華社為王師平反，正式工作安排在新華社圖書館。新華社有意為文化事業，組織人員編輯《通鑑》節選本。此工作後由王師一人完成，由新華社出版《通鑑故事百篇》。此書銷路甚佳，1996 年中華書局重版，2001 年又改編為《資治通鑑精粹解讀》。」，見《經學研究論叢》，第 18 輯（2010 年 9 月）。

〔註7〕 詳參喬秀岩：〈王文錦老師的生平與學術〉：「至 1989 年底，以編審身份離休。1990 年又點校《求古錄禮說》。」見《經學研究論叢》，第 18 輯（2010 年 9月）。

（一）著作

1.《禮記譯解》

王文錦著，2001 年 9 月 1 日，北京中華書局出版。

內容簡介：

本書是清人研究《禮記》的代表作。作者認爲十三經中唯《禮記》一種，清人沒有作新疏，清人關於注釋《禮記》的著作，從總的情況來看，還沒有超過唐人孔穎達《禮記正義》的。所以說，讀《禮記》的注解，還是應以鄭玄的《禮記注》爲主，孔穎達的《禮記正義》爲輔。其他著作只能算是參考書籍，聊備翻檢而已。該書在鄭玄《禮記注》和孔穎達《禮記正義》的基礎上，博采宋、元以來各家之說，不僅對字句進行充分詮釋，而且對典章、名物、制度詳加考證，還對宋代理學有所闡發，爲研究中國古代政治、經濟、哲學、文教及禮儀制度的讀者提供了方便。

（二）點校古籍

1.《周禮正義》（共 14 冊）

〔清〕孫詒讓撰；王文錦，陳玉霞點校，1987 年 12 月，北京中華書局出版。

內容簡介：

孫詒讓之新疏《周禮》，主要以《爾雅》、《說文》正其詁訓，以《禮經》、大小《戴記》證其制度，而「博采漢唐宋以來，迄於乾嘉諸經儒舊詁，參互證繹，以發鄭註之淵奧，補賈疏之遺闕」（孫詒讓《周禮正義序》）。其於前人成說，既能取其長，亦不護其短，而以實事求是的爲學精神，求其確解。

2.《野客叢書》

〔宋〕王楙撰；王文錦點校，1987 年 7 月，北京中華書局出版。

內容簡介：

《野客叢書》在宋人的學術筆記當中，是較著名的一種，是一部以作者個人讀書心得爲主的雜著筆記。雜著筆記多針對事、物、人或書的考證，沒有取材的限制，也沒有嚴謹的撰寫方式，亦無嚴謹的編排條例，大多是作者的見聞及針對閱讀內容評論、訂正的紀錄。〔註8〕點校本的出刊，讓後代學者

〔註 8〕 蘇芳潔：《王楙《野客叢書》研究》（臺北：臺北市立教育大學中國語文學系

對宋人的學術筆記有更深入的了解。

3. 《校禮堂文集》

〔清〕淩廷堪著；王文錦點校，1998 年 2 月，北京中華書局出版。

內容簡介：

本書爲清代乾嘉時期著名經學家、史學家和文學家淩廷堪（1755～1809）所著，共三十卷，收錄各體文章（包括學術性書信）一百九十篇，考證禮經樂律，精審無比；讀史論人，充滿卓見；探索日月五星運行之故，論說中西算學之法，皆有心得；其所著詩、詞、文、賦，大都遣詞妙，用典工，卓然大家風範。從中我們可以看到乾嘉時期學者廣泛的學術素養和貢獻。

4. 《通典》校點本（共五冊）

〔唐〕杜佑撰；王文錦、王永興、劉俊文、徐庭雲、謝方點校：《（校點本）通典》（精裝 25 開全五冊），1988 年 12 月，北京中華書局出版。

內容簡介：

《通典》專敘歷代典章制度的沿革變遷，從遠古時代的黃帝起，到唐玄宗天寶末年止（肅宗、代宗以後的變革，有時也附載於注中），分爲九類，以食貨居首，次以選舉、職官、禮、樂、兵、刑、州、郡、邊防，每類又各分子目。對於歷代典章制度，都詳細地敘述了它們的源流，有時不但列入前人有關的議論，而且用說、議、評、論的方式，提出自己的見解和主張。《通典》的體例仿效紀傳正史中的志書，將斷代體改爲通史體，是一部專門記載歷代政治、經濟等制度沿革變遷的典志體史書。

5. 《大戴禮記解詁》

〔清〕王聘珍著；王文錦點校：《大戴禮記解詁》，2004 年 5 月，北京中華書局出版。

內容簡介：

本書是一部研究上古社會和儒家思想的重要參考資料書。原書 85 篇，現存 39 篇，王聘珍的這部《解詁》注重保留舊本原貌，依《爾雅》、《說文》及兩漢經師訓詁，無杜撰之言。

6. 《禮書通故》（共六冊）

〔清〕黃以周撰，王文錦點校，2007 年 4 月，北京中華書局出版。

碩士論文，2000 年）。

內容簡介：

《禮書通故》是清人詮釋古禮古制的學術名著。作者黃以周從 1860 年至 1879 年，歷時 19 年才完稿。全書分爲五十目，共 102 卷。王文錦先生以當代禮學專家的深厚學養承擔此書校點重任，他以重修本爲工作本，吸收黃家駿、黃家驥《禮書通故校文》的成果，對全書做了全面而精到的校勘和標點，凡有改動，都寫出校記。又爲全書編制了詳細目錄，後附胡玉縉〈禮書通故跋〉，供讀者參考。〔註9〕

綜上所述，可知王文錦之學術，以點校古籍爲主，雖然是「點校」而非創作，但要校點晚清禮學大家黃以周（1828～1899）《禮書通故》六冊和孫詒讓（1848～1908）《周禮正義》十四冊之巨著，非學養深厚者，難以完成此艱鉅任務。王文錦功力深厚，態度嚴謹，始終兢兢業業，不敢掉以輕心。其弟子喬秀岩對王文錦先生的點校有所增訂補益，並撰爲《覆校記》，排在全書之末。〔註10〕二位先生爲點校《禮書通故》所作之努力，爲研究《禮書通故》者，開啓方便之門。

三、《禮書通故》點校本的注解方法及原則

《禮書通故》是清人詮釋古禮、古制的一部名著。作者黃以周，字元同，號儆季，浙江定海人，生於道光八年（1828）。其父黃式三（1789～1862），是嘉慶、道光時期博貫群經、著述等身的有名學者。《禮書通故》體大思精，是黃氏瘁盡心力的巨著。黃氏在〈敘目〉中說：「是書草創於庚申，告藏於戊寅。爰取卷首之名，以命其書。」〔註11〕歷時十九年才完稿。本書內容相當廣泛，並不限於古禮，故作者說「取卷首以命其書」。不過，書中如井田、田賦、職役、樂律、刑法、車制、名物諸門所研討的問題，大都出自《周禮》、《儀禮》、《禮記》三書，所以命名《禮書通故》，概念也是周延的。〔註12〕茲敘述《禮書通故》點校本的的注解方法及原則：

（一）以《禮書通故》重修本為工作本

古籍整理的出發點是版本，調查各種現存傳本，分析其間的關係，是版

〔註 9〕〔清〕黃以周撰、王文錦點校：〈點校前言〉，《禮書通故》，頁 1～4。
〔註10〕同上注，頁 6。
〔註11〕同上注，頁 2713。
〔註12〕同上注，頁 2。

本學的任務。〔註13〕探究版本之源流，的確攸關古籍點校之正確性。關於《禮書通故》一書流傳至後代的版本，茲參酌王鍔：《三禮研究論著提要》一書與臺灣中文古籍書目資料庫之所述，《禮書通故》版本的源流，可分為五種：

1. 原稿本：

五十目，一百卷。

未刊印。

2. 初印本（定海黃氏試館刊本）：

五十目，一百卷。

(1) 現存清光緒十九年（1893），定海黃氏試館刊本，前附黃以周像。〔註14〕

清光緒十九年（1893）刊《禮書通故》扉頁背面有牌記：「光緒癸巳（光緒十九年）孟夏黃氏試館刊成。」同書前附以周子家駕、家驥〈記〉稱：「《禮書通故》之刊，始戊子（1888），終癸巳（1893）。……刻之南菁講舍。」而所謂「黃氏試館」並無專址，光緒十八年刊《軍禮司馬法考徵》亦署「黃氏試館」，其名只此兩見。〔註15〕

(2) 《續修四庫全書總目》載有清光緒癸巳十九年（1893）黃氏試館刻初印本，現收入《續修四庫全書・經部・禮類》第111～112冊。〔註16〕

《清史稿・藝文志》將此書列入禮類總義之屬。

3. 重修本：

五十目，一百零二卷。

就初印本「清光緒十九年（1893），定海黃氏試館刊本」修改，分為五十目，加上敘目，共一百零二卷。

4. 後定本：

就重修本做一些修改，未刊印。

5. 點校本：

五十目，一百零二卷。

〔註13〕 喬秀岩：〈古籍整理的理論與實踐〉，《版本目錄學研究》（臺灣：臺北國家圖書館出版社，2009年），頁5。
〔註14〕 王逸明撰：《定海黃式三黃以周年譜稿》，頁86。
〔註15〕 同上注，頁68。
〔註16〕 柯紹忞等：《續修四庫全書總目提要》，頁626。

王文錦點校，以重修本爲工作本，吸收黃家鷟、黃家驥〈《禮書通故》校文〉的成果，對全書做全面而精到的校勘和標點。2007 年 4 月 1 日，北京中華書局出版。

（二）《禮書通故》現今流傳之版本

1. 《續修四庫全書》：上海古籍出版社出

《禮書通故》清光緒十九年（1893）定海黃氏試館刊本，收入《續修四庫全書・經部・禮類》第 111～112 冊。

2. 華世本：

臺北華世出版社 1976 年，影印華東師大圖書館藏清光緒十九年（1893）刻黃氏試館本。

3. 王文錦點校本：

2007 年 4 月 1 日，北京中華書局出版，爲現今流傳最普遍的版本。王文錦在〈點校前言〉說：

> 讀黃以周之子黃家鷟、黃家驥的《禮書通故校文》（以下簡稱《校文》）得知，《禮書通故》共有四個本子，即原稿本、初印本、重修本、後定本。我只見到初印本和重修本兩種刻本。所謂後定本，就是作者對重修本又做了一些修改，並未再刻。這個點校本以重修本爲工作本，《校文》收有一百八十餘條校記，共十五頁，原來就刻在重修本的正文之前，我們沒有照排，而根據《校文》意見，對正文做了改補刪乙，並在有關各條後以《校文》名義出了校記。尤其是《校文》指出後定本的改動，一般我都照改，又於校記中保留了被改刪的文字。所以這個點校本，既在正文上反映了後定本的面貌，又在校記中保存了重修本的舊文。〔註17〕

王文錦說明黃以周《禮書通故》共有四個本子，即原稿本、初印本、重修本、後定本。但王文錦只見到初印本和重修本兩種刻本。《禮書通故》結撰不易，成書後又經數次改訂刊刻。根據黃以周之子黃家鷟、黃家驥《禮書通故校文》，黃家鷟、黃家驥〈《禮書通故》校文記〉云：

> 《禮書通故》之刊，始戊子（1888），終癸巳（1893），凡六易寒暑而成。一時士大夫各以先睹爲快，踵門索書者絡繹不絕，遂急遽刷

〔註17〕〔清〕黃以周撰、王文錦點校：《禮書通故》，頁 5。

印，以應當世。憶初刊是書，曾蒙同門諸君子協力襄校，雅號精致。
而讀書如掃落葉，終難盡靜。家大人又命家鷟、家驥一同再校。乃
檢原稿本、初印本、重修本、後定本互相讎對，得一百八十餘條，
遂排比前後，刻之南菁講舍，以省諸君子過寫之勞。鷟輩自忖識粗
學淺，遺漏必多，還望諸君子惠我玉音，匡以不逮云爾。〔註18〕

黃家鷟、黃家驥在〈《禮書通故》校文記〉說明《禮書通故》之刊行，費時六
年而成。當時索書者絡繹不絕，士大夫爭相研讀此書。此書雖經同門友人鼎
力協助校勘。但黃以周治學嚴謹，命其子黃家鷟、黃家驥再校，以期精益求
精。於是取「原稿本、初印本、重修本、後定本」四種版本互相校讎，而得
一百八十餘條校文，附於全文之末，以裨補闕漏。《校文》原附刻《通故》重
修本卷首，王文錦整理本並未照排，而將其散入重修本各條之中，出以校
記。王文錦以嚴謹的態度點校《禮書通故》，參酌「重修本」增補刪改，逐條
做「校記」，並於「校記」中保存了「重修本」的舊文，讓研讀《禮書通故》
點校本的讀者能夠考辨全文之脈絡。王文錦的弟子喬秀岩對王先生的點校有
所增訂補益，並撰爲〈覆校記〉。爲研讀《禮書通故》點校本的學者，開啓方
便之門。

1. 全書編列目錄，以便閱覽和稱引

為了便於閱覽和稱引，王文錦點校本加有目錄，前四十七門，每門皆由
若干條組成，以每門爲單位，逐條編上阿拉伯數碼。茲列舉本書檢目，如下：

第一〈禮書通故〉、第二〈宮室通故〉、第三〈衣服通故〉、第四〈卜
筮通故〉、第五〈冠禮通故〉、第六〈昏禮通故〉、第七〈見子禮通故〉、
第八〈宗法通故〉、第九〈喪服通故〉、第十〈喪禮通故〉、第十一〈喪
祭通故〉，第十二〈郊禮通故〉、第十三〈社禮通故〉、第十四〈群祀
禮通故〉、第十五〈明堂禮通故〉、第十六〈宗廟禮通故〉、第十七〈肆
獻祼食禮通故〉、第十八〈時享禮通故〉、第十九〈改正頒朔禮通故〉、
第二十〈耤田躬桑禮通故〉、第二十一〈相見禮通故〉、第二十二〈食
禮通故〉、第二十三〈飲禮通故〉、第二十四〈燕饗禮通故〉、第二十
五〈射禮通故〉、第二十六〈投壺禮通故〉、第二十七〈朝禮通故〉、
第二十八〈聘禮通故〉、第二十九〈覲禮通故〉、第三十〈會盟禮通

〔註18〕〔清〕黃家鷟、黃家驥《禮書通故》校文〉一卷：收入《續修四庫全書‧經
部‧禮類》第 112 冊，頁 668。

故〉、第三十一〈即位改元禮通故〉、第三十二〈學校禮通故〉、第三十三〈選舉禮通故〉、第三十四〈職官禮通故〉、第三十五〈井田通故〉、第三十六〈田賦通故〉、第三十七〈職役通故〉、第三十八〈錢幣通故〉、第三十九〈封國通故〉、第四十〈軍禮通故〉、第四十一〈田禮通故〉、第四十二〈御禮通故〉、第四十三〈六書通故〉、第四十四〈樂律通故〉、第四十五〈刑法通故〉、第四十六〈車制通故〉、第四十七〈名物通故〉、第四十八〈禮節圖表〉二卷、〈宗法表〉一卷、〈井田表〉一卷、〈學校表〉一卷、〈六服朝見表〉一卷、〈禮節圖〉三卷、第四十九〈名物圖〉四卷、第五十〈敘目〉一卷。〔註19〕

可見王文錦的用心，將卷帙浩繁的《禮書通故》一百零二卷，整理分類，前四十七門，逐條加上目錄及頁碼，第四十八以圖表爲主，包括：禮節、宗法、學校、六服朝見表等，第四十九爲名物圖，第五十爲〈敘目〉。條分縷析，可以說是綱舉目張，方便讀者閱覽和檢索《禮書通故》的全文內容。

2. 辨析《禮書通故》的疑難問題

晚清黃以周之《禮書通故》，最博贍精審，蓋清代禮學之後勁矣。〔註20〕凡詳考禮制，多正舊說之誤，釋後人之疑，而意在覈明古禮，示後聖可行。所著《禮書通故》百卷，列五十目，先王禮制備焉。〔註21〕根據《禮書通故》〈點校前言〉所述：

> 《禮書通故》是清人詮釋古禮古制的學術名著。作者黃以周從1860年至1987年，歷時19年才完稿。全書分爲五十目，共102卷。王文錦先生以當代禮學專家的深厚學養承擔此書校點重任，他以重修本爲工作本，吸收黃家駸、黃家驥《禮書通故校文》的成果，對全書做了全面而精到的校勘和標點，凡有改動都寫出校記。又爲全書編制了詳細目錄，後附胡玉縉〈禮書通故跋〉，供讀者參考。〔註22〕

王文錦吸收黃家駸、黃家驥《禮書通故校文》的成果，對全書做了全面而精到的校勘和標點，凡有改動，都寫出校記，足證其用心。茲舉證如下：

〈燕饗禮通故〉第18條

〔註19〕〔清〕黃以周撰、王文錦點校：《禮書通故》，頁2。

〔註20〕梁啓超：《清代學術概論》（臺北：臺灣中華書局，1985年），頁38。

〔註21〕徐世昌等編纂：〈黃先生以周〉，《清儒學案·儆居學案》（北京：中華書局，2008年），卷154，頁5957。

〔註22〕〔清〕黃以周撰、王文錦點校：《禮書通故》，頁1～4。

鄭玄云：「『序進酌散，交于楹北』。楹北，西楹之北。交而相待于西階上。既酌右還而反，往來以右爲上。『實觶序進，坐奠于薦南』。序進，往來由尊北，交于東楹之北。」敖繼公云：「交于楹北，交相右也。凡經文惟言交者，皆謂相右。階上之位，退者在東，進者在，以相右爲便。」張惠言云：「〈大射〉注云：『先者既酌，右還而反，與後酌者交于西楹北，相左，俟于西階上，乃降，往來以右爲上。』又云：『既酌而代進，往來由尊北，交于東楹北，亦相左。』若如疏說，則是相右，非。蓋誤會注『以右爲上』之文也。凡往來無相右者，〈鄉射禮〉可證。鄭云：『以右爲上』者，謂階下並行時，來既上媵居右，及其升堂，上媵由階上之東進奠觶，右還，與進者相左，則在西方，而降又居右也。」〔註23〕

以周案：

凡經于交曰相左者，皆謂往來兩相左。兩相左者，各以右尊人也。故注釋相左之義曰「往來以右爲上」，〈大射儀〉注亦同。但交相左者必左還，交相右者乃右還，注「右還」蓋「左還」字之誤。據疏云「先者于南西過，後者于北東行」，是賈氏所見此注尚作「左還」也。〈大射〉注亦誤「右還」，賈疏云：「西楹北之相左，後者南相束鄉，先者北相西鄉。東楹北之相交，先者楹北北畔過，後者楹北南畔過。」是賈氏所見注已誤「右還」矣。夫燕、大射本一禮，其西楹北、東楹北之相左，皆謂往來兩相左，與〈燕禮〉之相左正同，與〈大射〉三耦之相左者亦甚合。賈氏不正〈大射〉注「右還」之誤，隨文曲解，又謂相左者以左相近，是人各爭居其右矣。往來以右爲上，爭居其右，非君子不多上人之義也。淺人不察，妄據〈大射〉注以改此注，張皋文又據〈大射〉疏以駁此疏，此皆以妄爲不妄者也。凡經曰相交，必相左，此爲往來通例。惟凶事反吉則相右，故鄭注〈既夕〉云：「吉事交相左，凶事交相右。」敖氏以右還必相右，遂以相交不言左爲俱相右，據其誤字以易正義，此又以不妄爲妄者也。〔註24〕

案：黃以周引《儀禮注疏・燕禮》論述諸侯與群臣燕飲以樂之，「序進酌散，

〔註23〕 同上注，頁 1057～1058。
〔註24〕 〔清〕黃以周撰、王文錦點校：《禮書通故》，頁 1058～1059。

交于楹北」〔註25〕事宜，並引敖繼公、張惠言之說，來證明鄭注「往來以右為上」之意。因而誤駁張惠言相左之說。鄭意「上射下射二人並行」，「往來皆以右為上」，本與二人迎面往來者無涉。相左者，謂：「二人對面行來，往者于來者之左，來者于往者之左，交臂而過也。」〔註26〕黃以周的解析與此正相反，值得商榷。

綜合上述，可知禮學繁雜，許多問題自古就眾說紛紜，《禮書通故》提出並加以解釋的疑難問題共有 3470 條，如此繁多的問題，黃以周的分析判斷難免有疏漏之處，胡玉縉在〈禮書通故跋〉中已經指出幾條。而王文錦點校時，亦有補正。〔註27〕足證黃以周博古通今，撰述《禮書通故》一書，博採眾說，非學養深厚者無以點校此書。

（三）《禮書通故》點校本的學術價值

《禮書通故》探討的範圍相當廣，時限相當長，舉凡經注史說，諸子雜家，上自秦漢經師，下逮當代學者，義有分歧，率皆甄錄，然後明辨是非，折衷至當。值得稱道的是，作者研討問題，堅持實事求是，不存門戶之見。比如《三禮》之學，向以鄭玄注為宗，而此書駁鄭處不下百條，其申鄭處亦復不少。對待歷代數十百家的經師、學者也莫不如此，皆是採擇其精言，發揮其勝解，匡補其不逮，糾正其誤說，或申或駁，大多有根有據。黃氏通過這部巨著，將兩千年來的古代禮制研究成果，做了出色的總結。〔註28〕而王文錦《禮書通故》點校本的出刊，對研究晚清禮學的學者而言，頗有助益。茲述《禮書通故》點校本的學術價值，如下：

1. 補正訛誤，可資校勘參考

禮學繁雜，許多問題自古就眾說紛紜，莫衷一是。《禮書通故》提出並加以解釋的疑難問題大大小小共有三千四百七十條，這麼多問題，黃氏的分析判斷自然不可能做到條條令人滿意。王文錦說：「我通過他校也發現了若干文

〔註25〕〔漢〕鄭玄注、〔唐〕賈公彥疏：〈燕禮〉：「媵爵者立於洗南，西面，北上。序進，盥，洗角觶，升自西階，序進，酌散，交於楹北。降，阼階下皆奠觶，再拜稽首，執觶興，公答再拜。（序，次第也，猶代也。楹北，西楹之北也。交而相待於西階上，既酌，右還而反，往來以右為上。）」，見《儀禮注疏》，卷 14，頁 164。
〔註26〕〔清〕黃以周撰、王文錦點校：《禮書通故》，頁 4。
〔註27〕同上注。
〔註28〕〔清〕黃以周撰、王文錦點校：《禮書通故》，頁 4。

字失誤的地方，凡有校正，都在有關條目之後出了校記。」〔註29〕胡玉縉〈禮書通故跋〉已經指出幾條。此外，王文錦覺得尚有可議處，今約舉數端，聊供參考。

（1）〈社禮通故〉第26條

> 王肅云：「〈郊特牲〉言祭社『君南鄉于北墉下，答陰之義』，陰氣北鄉，故君南鄉以答之也。」秦靜云：「社稷別營，自漢以來相承南鄉。漢之于周，世代未遠。鄗上頹基，商丘餘樹，猶應尚存，迷失方位，未至于此。通儒達識，不以爲非。」何佟之云：「祭社北鄉，故君答南鄉，（一）社主陰氣故也。餘祀雖亦地祇之貴，而不主此義，故位鄉不同，不得見餘陰祀不北鄉，便謂社應南鄉也。據《周禮》祭社南鄉，君求幽宜北鄉，而《記》云君南鄉答陰之義，則求幽之論不乖與？」〔註30〕

以周案：

> 墉以依主，君鄉南，墉必非北；墉在北，君必不能南鄉。《記》文宜「君南」連讀，「鄉于北墉下」連讀。社壇無屋有墉，北墉下，社主之所在也。君在社南而鄉于北墉，是爲答陰，答之言對也。〈郊特牲〉又言「君之南鄉，答陽之義」，則此云答陰之義，是君鄉北明矣。且自南北二郊以及羣神小祀位皆南鄉，初無陽祀陰杞之分。何氏既知餘陰祀不北鄉，而謂社獨不然，君可以南面臨之，其足信乎！・至稷主東鄉之說，尤爲謬妄之不待辨者。〔註31〕

案：黃以周引《南齊書・志第一・禮上》卷九，永明十一年，兼祠部郎何佟之議論《禮記・郊特牲》「君南向於北墉下，答陰之義也」一事〔註32〕，而刪改原文。王文錦認爲黃以周將《禮記・郊特牲》「君南鄉于北墉下」讀爲「君

〔註29〕 同上注，頁5。
〔註30〕 同上注，頁669。
〔註31〕 同上注，頁669。
〔註32〕 《志第一・禮上》：「永明十一年，兼祠部郎何佟之議：「案《禮記・郊特牲》：『社祭土而主陰氣也，君南向於北墉下，答陰之義也』。鄭玄云：『答猶對也。』『北墉，社內北牆也。』王肅云『陰氣北向，故君南向以答之。答之爲言是相對之稱』。……魏世秦靜使社稷別營，稱自漢以來，相承南向。漢之於周，世代未遠，鄗上頹基，商丘餘樹，猶應尚存，迷方失位，未至於此，通儒達識，不以爲非。」，見《南齊書》，卷9，頁137～138。

南，鄉于北墉下」。《三禮》無此句法，令人難以信服〔註33〕。黃以周之解讀，值得商榷。

（2）〈宗廟禮通故〉第33條

鄭玄云：「小宗伯辨廟祧之昭穆，自始祖之後，父曰昭，子曰穆。」
孔廣森云：「昭，左也；穆，右也。人道尚左，神道尚右。廟祧之位，當先三穆，後三昭。又〈冢人〉人墓地亦『以昭穆爲左右』，而謂先昭後穆，得無于地道尊右之義尤未協與？文王稱穆，武王稱昭，二祧並立，百世不毀。若以昭先穆，是周之諸王無不子先于父矣。」〔註34〕

以周案：

左昭右穆，據人子入廟助祭爲文。若以始祖坐向而言，其父曰昭，居右；其子曰穆，居左，正合神道尚右之義。經言昭穆，不言穆昭，以此。其後子孫各以昭穆之班祔，自爲尊卑，又不以昭穆爲尊卑。如新死者入昭廟，與其父並列四親，豈亦可謂尊于穆廟乎？文王稱穆，武王稱昭，其舊班本如此，非周公欲先文王而穆之也。孔說泥矣。〔註35〕

案：黃以周引《周禮・春官宗伯》鄭玄論「小宗伯辨廟祧之昭穆」〔註36〕之事宜，又節引孔廣森論述昭穆之說。王文錦指出〈宗廟禮通故〉二第三三條，言昭穆之位，與鄭玄〈禘祫志〉不合，非是。

（3）〈射禮通故〉第74條

鄭玄云：「『賓、主人、大夫若皆與射』，言若者，或射或否，在時欲耳。」敖繼公云：「賓與主人或有一人不欲射，則闕此一耦，蓋不可與餘人爲耦故耳。」焦以恕云：「《記》云『眾賓不與射者不降』，是

〔註33〕同注35，頁4。

〔註34〕〔清〕黃以周撰、王文錦點校：《禮書通故》，頁738。

〔註35〕同上注。

〔註36〕〔漢〕鄭玄注、〔唐〕賈公彥疏：〈春官宗伯〉：「辨廟祧之昭穆。祧，遷主所藏之廟。自始祖之后，父曰昭，子曰穆。〔疏〕：『周以文武爲二祧，文王第稱穆，武王第稱昭。當文武，后穆之木主入文王祧，昭之木主入武王祧，故云遷主所藏之廟曰祧也。云：『自始祖之后，父曰昭，子曰穆』者，周以后稷廟爲始祖，特立廟不毀，即從不窋已后爲數，不窋父爲昭，鞠子爲穆。從此以后，皆父爲昭，子爲穆，至文王十四世，文王第稱穆也。』」，見《周禮注疏》，卷19，頁290～291。

凡在堂上者或射或否，各順其欲，初無一定也。《義疏》云：『主人以射故而請賓，賓以射故而應主人之請，必無不與之事。而《經》云若者，蓋不爲必然之辭，且爲大夫及三賓言之耳。』案：此禮爲鄉人習射，則賓、主人及眾賓無妨以不能自謙也。〔註37〕

以周案：

《下經》云「眾賓將與射者皆降」，《記》云「眾賓不與射者不降」，則此云「若皆與射」，明指眾賓言，賓、主人斷無不射之理。《記》言不與射，亦未嘗及賓、主人。且上文司射請射，賓即許諾，明著賓之射矣。《經》文「賓主人大夫」句，「若皆與射」連下「則遂告」爲義，謂眾賓若皆與射，於賓、主人、大夫前，必告其人也。故下文直接之曰「則遂告賓，適阼階上告于主人，遂告于大夫」，爲賓、主人、大夫尊也。於眾賓直云「作射」，不以告，故經文上列「賓、主人、大夫」五字以起例。經文又云「主人與賓爲耦，大夫雖眾，皆與士爲耦，以耦告于大夫曰某御于子」，明告眾賓與射之時，即以其耦并告之也。〈大射禮〉於司射初請射之後，亦「遂告曰，大夫與大夫，士御于大夫」；再請射之後，亦「遂告賓御于公，諸公卿則以耦告于上，大夫則降即位而后告」，與此正同。所異者，〈鄉〉〈射〉二事并告之，〈大射〉則分爲二次耳。舊解此經多誤。〔註38〕

案：黃以周引《儀禮・鄉射禮》第五，卷十二所述「賓、主人、大夫若皆與射，則遂告於賓，適阼階上告於主人，主人與賓爲耦。」〔註39〕之事宜，又引引敖繼公、焦以恕、《義疏》之言，說明此禮爲鄉人習射，則賓、主人及眾賓無妨以不能自謙也。王文錦指出，讀〈鄉射禮〉「賓主人大夫若皆與射則遂告于賓」，謂「大夫」下圈斷，「若皆與射則遂告于賓」謂「眾賓若皆欲射，

〔註37〕 同注 40，頁 1127。

〔註38〕 〔清〕黃以周撰、王文錦點校：《禮書通故》，頁 1127。

〔註39〕 〔漢〕鄭玄注、〔唐〕賈公彥疏：〈鄉射禮〉：「司射倚扑於階西，昇，請射於賓，如初。賓許諾。賓、主人、大夫若皆與射，則遂告於賓，適阼階上告於主人，主人與賓爲耦。言若者，或射或否，在時欲耳。射者繹己之志，君子務焉。大夫，遵者也。告賓曰：『主人御於子。』告主人曰：『子與賓射。』〔疏〕：射者繹己之志者，《禮記・射義》文，繹謂陳己之志意也。云：『大夫，遵者也』者，上云大夫有遵者是也，故與賓主同在任情之限。云告賓曰：『主人御於子。』告主人曰：『子與賓射。』，此約下大夫與士射之辭，以賓比大夫，以主人比士，尊賓之義也。」，見《儀禮注疏》，卷 12，頁 127。

於賓主人大夫前必告其人也。」黃以周所解，則「賓主人大夫」形同虛設，
而另以「眾賓」為主語，經外添說，殊為牽強。〔註40〕

　　（4）〈職官禮通故〉第135條

　　《周官》〈春官〉有大宗伯、小宗伯，諸侯以司馬兼之，無宗伯而有
　　宗人。《左氏傳》云夏父弗忌為宗伯，說者謂魯有宗伯之官。〔註41〕

以周案：

　　定四年《傳》云「分魯以祝宗卜史」，杜注解宗為宗人，明魯止有宗
　　人之官也。哀二十四年《傳》云「使宗人釁夏獻其禮」，亦不稱宗伯。
　　且《國語》記此事亦止云「夏父弗忌為宗」又云「宗人夏父展」，鄭
　　注〈大宗伯〉及〈禮器〉引《左傳》俱云「夏父弗忌為宗人」，則今
　　本作「宗伯」字誤也。胡氏〈釋官〉云：「《周禮》大宗伯卿，小宗
　　伯中大夫，諸侯五大夫無小宗伯，則宗人不在大夫之列，當使士為
　　之，但其職亦有大小。〈雜記〉云：『大夫之喪，大宗人相，小宗人
　　命龜。』皇侃云：『大小二宗並是其君之職，來為喪事，如司徒旅歸
　　四布是也。』孔疏因以為大小宗伯。」劉執中疑為都宗人、家宗人。
　　考仕冠禮筮日有宗人，鄭注「宗人，有司主禮者」。〈士喪禮〉卜日
　　亦云「族長涖卜，宗人命龜」，鄭注「族長，有司掌族人親疏者」，
　　則大夫之小宗人即宗人，其大宗人猶族長也。小宗人亦謂之宗有司。
　　《魯語》「宗有司」韋注：「宗官司事臣。」大宗人，其對宗有司言
　　之也。〔註42〕

案：黃以周引《周禮・春官》論述大宗伯、小宗伯之言〔註43〕，並引定四年
《左傳》，來論述大宗伯、小宗伯之職官。王文錦指出，「定四年傳」至「作
宗伯字誤也」九十九字，乃胡匡衷（1728～1801）《儀禮釋官》中語，不應冠
以「以周案」，據為己說。〔註44〕

〔註40〕同注44，頁4。
〔註41〕同注44，頁1471。
〔註42〕〔清〕黃以周撰、王文錦點校：《禮書通故》，頁1471。
〔註43〕〔漢〕鄭玄注、〔唐〕賈公彥疏：〈春官宗伯〉：「惟王建國，辨方正位，體國
　　　　經野，設官分職，以為民極。乃立春官宗伯，使帥其屬而掌邦禮，以佐王和
　　　　邦國……《傳》曰『夏父弗忌為宗人』，又曰：『使宗人釁夏獻其禮』。《禮・
　　　　特性》云：『宗人昇自西階，視壺濯及豆籩。』然則唐、虞歷三代，以宗官典
　　　　國之禮與其祭祀，漢之大常是也。」見《周禮注疏》，卷17，頁259。
〔註44〕同注48，頁4。

（5）〈衣服通故〉第 41 條

> 鄭玄云：「〈士冠禮〉，爵弁服，纁裳，純衣，緇帶，韎韐。爵弁者，冕之次，其色赤而微黑，如爵頭然，或謂之緅。纁裳，淺絳裳。純衣，絲衣也。餘衣皆用布，唯冕與爵弁服用絲耳。先裳后衣者，欲令下近緇，明衣與帶同色。」賈公彥云：「凡衣與冠同色者，先言衣，後言裳。今爵弁與衣異，故退純衣於下，使與帶同色也。」〔註45〕

以周案：

> 爵古通雀。《爾雅》「鷹黃楚雀」，鷹黑而黃，謂之爵弁。鄭與緅釋爵，其意色以赤爲體，而更染之以黑，與緇相近，正明爵弁衣冠同色也。賈疏非。凌氏沿其訛。爵弁服緇衣纁裳，其裘狐青，玄綃衣以裼之。（見疏引熊氏）其帶大夫以上素，士以緇。其韠韎韐，《隋志》云「爵韠」，誤以玄端之韠當之。《通典》云：「士祀弁爵玄冠，皆玄衣，其裳上士以玄，中士以黃，下士雜裳。」又誤以玄端之衣裳當之。皆非。〔註46〕

王文錦點校：

> 其帶：此上原有「司服凡兵事韋弁服以韎韋爲弁又以爲衣裳見鄭注韎爲赤黃其裘狐黃黃衣以裼之。見《詩・羔羊》疏」凡正文三十一字，注文八字。《校文》云：「原稿本在韋弁節，誤衍在此。後定本刪去。」今據刪。〔註47〕

案：黃以周引《儀禮注疏・士冠禮》鄭玄注「爵弁服，纁裳，純衣，緇帶，韎韐」〔註48〕之形制，並參引《隋志》、《通典》所述，以說明「爵韠」誤以玄端之韠當之，是訛誤的。王文錦點校時，刪去原稿本在「韋弁節」中所引《詩・羔羊》疏凡正文三十一字，注文八字。

綜觀上述，可知《禮書通故》六冊內容繁複，黃以周在學術觀點、研究

〔註45〕 同注 48，頁 96～97。

〔註46〕 同注 48，頁 96～97。

〔註47〕 〔清〕黃以周撰、王文錦點校：《禮書通故》，頁 96。

〔註48〕 〔漢〕鄭玄注、〔唐〕賈公彥疏：〈士冠禮〉：「爵弁服，纁裳，純衣，緇帶，韎韐。此與君祭之服。《雜記》曰：『士弁而祭於公。』爵弁者，冕之次，其色赤而微黑，如爵頭然，或謂之緅。其布三十昇。纁裳，淺絳裳。凡染絳，一入謂之縓，再入謂之䞓，三入謂之纁，朱則四入與？純衣，絲衣也。餘衣皆用布，唯冕與爵弁服用絲耳。先裳后衣者，欲令下近緇，明衣與帶同色。」，見《儀禮注疏》，卷 2，頁 15。

方法、資料運用諸方面，有些不愜人意的地方，這是很自然的事。〔註 49〕尤
其在引文方面，黃以周在節引或轉引古籍上，經常有增刪文字與版本乖違之
現象產生。「智者千慮，或有一失」（《舊唐書‧宇文融傳》），我們不能因此而
忽視他的學術成就。

2. 改古字為通用正體，方便讀者閱讀

黃以周崇尚古雅，因此在《禮書通故》的正文注文中，引用大量的古字，
茲舉例證，如下：

> 「于」作「亏」……「西」作「卤」……「年」作「秊」……
> 「別」作「冎」……「還」作「逻」（〈宗法通故〉第八），
> 「戾」作「盭」（〈羣祀禮通故〉第十四），
> 「邪」作「衺」（〈井田通故〉第三十五），
> 「臆」作「肊」（〈敍目〉第五十）。〔註50〕

王文錦點校《禮書通故》時提到：「黃以周特意用了大量的古字，即使最常用
的字，也都採用古體，此類甚多，不勝枚舉。為了排印和閱讀的方便，除有
關分析字形之處與〈六書通故〉三所附韻表保留原字外，其他各卷都將古
字，一一改成常見繁體字。」〔註 51〕將古字改成繁體字，使此書的流通更
廣泛。

3. 增列目錄，方便檢索文獻

《禮書通故》全書分為五十目，共 102 卷。各卷均由若干條組成，每條
討論一個問題，按順序選錄幾家有代表性的見解，然後加上案語、分析綜合，
提出自己的論斷。本書探討的範圍廣、時間長，舉凡經注史說，諸子雜家，
上自秦漢經師，下至當代學者，無不廣泛涉及。從門目方面看，本書對《周
禮》《儀禮》《禮記》三書的基本內容可謂囊括無遺。本書考辨詳明，斷制準
確，澄清和解決了大量疑難問題，在學術上享有盛譽，是研究古禮古制的重
要基本文獻。

章學誠在《校讎通義‧序》上說：「辨章學術，考鏡源流。」〔註52〕說明

〔註49〕同注 53，頁 5。
〔註50〕〔清〕黃以周撰、王文錦點校：《禮書通故》，頁 2714、2715、2719、2722。
〔註51〕同注 53，頁 5～6。
〔註52〕〔清〕章學誠：《文史通義》、《校讎通義》，（臺北：盤庚出版社，出版年月不
　　　　詳），頁 227。

目錄學之重要。王文錦先生點校此書，爲了方便學者閱覽和稱引，又爲全書編制了詳細目錄，前四十七門，每門皆由若干條組成，以每門爲單位，逐條編上阿拉伯數碼。並且對全書做了全面而精到的校勘和標點，凡有改動都寫出校記，後附胡玉縉《禮書通故跋》，供讀者參考。綱舉目張，方便學者檢索文獻。

四、《禮書通故》點校本商榷

胡玉縉先生評《禮書通故》云：「作者難，讀者亦不易。」誠然《三禮》經文的古奧、禮制問題的繁雜，致使斷句頗爲不易，王文錦點校《禮書通故》已爲此書解決許多疑難問題，但閱點校本，仍發現有諸多值得商榷之處。茲臚列如下：

（一）斷句疑誤

翻閱《禮書通故》點校本之標點符號，大多以逗號表示語意未完，用句號來斷句，其他新式標點符號鮮少用到。在斷句方面，參看引文原典之斷句，與王文錦點校本有些差異。茲舉例說明如下：

1. 《禮書通故》第 15 條

鄭玄云：「《論語》『雅言《詩》、《書》、執禮』，讀先王典法，必正言其音，然後義全，故不可有所諱也。禮不誦，故言執。」朱熹云：「雅，常也。執，守也。獨言執者，以人所執守而言，非徒誦說而已也。」

以周案：記有「讀喪禮」、「讀祭禮」、「讀樂章」之文，禮非不誦也。朱子謂非徒誦說而已，較爲可通。然揆諸文義，終嫌不類。執猶掌也。執禮，猶後人所謂掌故是也。〔註53〕

案：《論語·述而》：「子所雅言，《詩》，《書》，執《禮》，皆雅言也。」〔註54〕與鄭玄云：「《論語》雅言《詩》、《書》執禮」之斷句相異。而朱熹云：「雅，常也。執，守也。《詩》以理情性，《書》以道政事，《禮》以謹節文，皆切於日用之實，故常言之。《禮》獨言執者，以人所執守而言，非徒誦說而已也。」〔註55〕不僅斷句不同，引文亦有刪改，王文錦在點校時，卻未能指摘

〔註53〕〔清〕黃以周撰、王文錦點校：《禮書通故》，頁 18。
〔註54〕〔魏〕何晏：〈述而〉，《論語集解》，頁 32。
〔註55〕〔宋〕朱熹：〈述而〉，《論語集注》，頁 97。

其訛誤之處。

2.《宮室通故》第 3 條

> 《書・顧命》「延入翼室恤宅宗」,《僞孔傳》以翼室爲路寢之別名,
> 非也。翼室者,《伏傳》所謂北堂是也。以南堂言之,謂之北堂,以
> 太室言之,謂之翼室,異名同地。天子路寢以太室爲最尊,北堂之
> 翼室次之。子貢觀于魯廟,有北堂九,蓋其尊可知也。時尸在太室,
> 斂殯在南堂,故以北堂爲恤宅,尊之也。故曰宗。〔註56〕

案:「有北堂九,蓋其尊可知」,斷句有誤,當於「蓋」字斷句,應作「北堂
九蓋,其尊可知」。子貢觀魯廟,事見《荀子・宥坐篇》:「子貢觀於魯廟之北
堂,出而問於孔子曰:『鄉者賜觀於太廟之北堂,吾亦未輟,還復瞻被九蓋皆
繼,被有說邪?匠過絕邪?』楊倞注:「北堂,神主所在也。輟,止也。九,
當爲『北』。被,皆當爲『彼』。蓋,音『盍』,戶扇也。」〔註57〕依據楊倞之
注解,「九」,當爲北,傳寫有誤。《禮書通故》立文未從其說,仍作「有北堂
九」,此說不正確。

3.〈衣服通故〉第 195 條

> 《毛詩傳》云:「縞衣白色男服,綦巾蒼色女服。」《說文》云:「綥,
> 帛蒼艾色也。《詩》曰:『縞衣綥巾。』未嫁女所服。」鄭箋云:「綦,
> 綦文也。縞衣綦巾,己所爲作者之妻服也。」〔註58〕

以周案:

> 許說從毛,是。〔註59〕

案:黃以周引《毛詩》、《說文》之說,來詮釋「縞衣綦巾」〔註60〕之詞義與
用途,並說明許愼《說文》之說是依據《毛詩》之說。觀察引文不僅刪改原
文《鄭箋》:「縞衣,白色,男服也。綦巾,蒼艾色,女服也。原室家得相樂

〔註56〕〔清〕黃以周撰、王文錦點校:《禮書通故》,頁 25。

〔註57〕梁叔任:〈宥坐〉《荀子約注》:「久保愛曰:『吾亦未、元本作『未既』,被九
蓋、作『九蓋被』。……楊曰:『皆繼,謂其材木斷絕,相接繼也。子貢問北
盍皆繼續,彼有說邪?匠過誤而遂絕之也?』」(臺北:世界書局,1971 年 5
月),第 29 篇,頁 392。

〔註58〕同注 52,頁 185。

〔註59〕同注 52,,頁 185。

〔註60〕〔漢〕毛亨傳、〔漢〕鄭玄箋〔唐〕孔穎達疏:〈鄭風・出其東門〉:「縞衣,
白色,男服也。綦巾,蒼艾色,女服也。原室家得相樂也。」,見《毛詩正義》,
卷 4,頁 181。

也。」〔註61〕且斷句有誤。王文錦點校時，並未指摘出來。

綜合上述三條，可知王文錦點校《禮書通故》，未能指摘斷句訛誤之處，全書中有此現象者，尚有多處，限於篇幅，無法一一列舉。

（二）失校與漏校

王文錦點校《禮書通故》，在校勘方面，以「重修本」爲基礎，增補刪改，逐條做「校記」，並於「校記」中保存了「重修本」的舊文，讓研讀《禮書通故》點校本的讀者能夠考辨全文之源流。但百密仍有一疏，點校本中，仍有許多語焉不詳之處，茲舉《禮書通故第三》〈衣服通故〉之篇章，來指摘點校本「失校漏校」之處，說明如下：

1.〈衣服通故〉第4條

孔安國、鄭玄説，麻冕三十升布爲之。蔡邕云：「周爵弁，殷冔，夏收，皆以三十升漆布爲殼。」江永云：「古布幅闊二尺二寸，當今尺一尺三寸七分半。若容三十升之縷，則今尺一分之地，幾容一十八縷，此必不能爲者也。冠升倍衣，唯喪服斬衰三升、冠六升則然。自齊衰以下，則非倍半之數矣。禮無冠倍于衣之制，麻冕之布、亦不過十五升。」〔註62〕

以周案：

冠衣升數，惟喪服有明文。舊注以斬衰之冠倍以例之，故云麻冕升。江氏以小功緦麻冠衰同升例之，故云麻冕十五升，說各有據。但麻冕之布，本屬細密難成，金仁山欲減其縷，江愼修又減其升，皆疑二尺二寸之幅，節以今尺，不能容如此數也。夫今古尺之長短，説人人殊。今以諸書記尺寸者參玫之，惟云古尺得今尺之八寸一分，其說近是。江氏定古尺當今尺六寸二分半，則車廣六尺六寸，何以容三人？席長八尺，何以容四人？（見〈曲禮〉注）。

鬴深尺内方尺，何以容米八斗？臀寸，何以容米四升？不特麻冕之升縷無以容也。且麻冕果止十五升，與他布同，又何細密難成之有

〔註61〕〔漢〕毛亨傳、〔漢〕鄭玄箋〔唐〕孔穎達疏：〈鄭風・出其東門〉：「鄭箋云：『縞衣綦巾，己所爲作者之妻服也，時亦棄之，兵革之難，不能相畜。心不忍絕，故言且留樂我員。此思保其室家。窮困不得有其妻，而以衣巾言之，恩不忍斥之。綦，綦文也。』」，見《毛詩正義》，卷4，頁181。

〔註62〕〔清〕黃以周撰、王文錦點校：《禮書通故》，頁76～77。

　　乎！（右布縷）〔註63〕

案：黃以周引《論語·子罕》，孔子談論「麻冕禮」，朱熹以「緇布冠，三十升布為之，升八十縷，則其經二千四百縷矣。細密難成，不如用絲之省約。」〔註64〕加以詮釋。其次又引《禮記·郊特牲》之經文說明「周爵弁，殷哻，夏收」〔註65〕為三代之冠禮；引《儀禮注疏·士冠禮》，說明君祭之服長短之尺寸。〔註66〕黃以周在案語中引《周禮注疏·考工記》「車廣六尺六寸」、「鬴深尺內方尺」、「臀寸」〔註67〕三段經文，並以詰問之筆法來申論之。依據〈考工記·□氏〉：「量之以為鬴，深尺，內方尺而圜其外，其實一鬴。」〔註68〕鄭玄《注》：「四升曰豆，四豆曰區，四區曰鬴，鬴六斗四升也，鬴十則鍾。」〔註69〕與黃以周之案語：「鬴深尺內方尺」不相符，王文錦點校時，未指摘出來。

2.〈衣服通故〉第5條

　　弁師掌王之五冕，皆玄冕。鄭玄云：「冕服有六，而言五冕者，大裘

〔註63〕〔清〕黃以周撰、王文錦點校：《禮書通故》，頁76～77。

〔註64〕〔宋〕、朱熹集注：〈子罕〉：「子曰：『麻冕禮也；今也純。儉，吾從眾。』《朱熹集注》注：「麻冕，緇布冠也。純，絲也。儉，謂省約。緇布冠，以三十升布為之，升八十縷，則其經二千四百縷矣。細密難成，不如用絲之省約。」見《四書章句集註·論語集注》，卷5，頁109。

〔註65〕〔漢〕鄭玄注，〔唐〕孔穎達：〈郊特牲〉：「冠義：始冠之，冠緇布冠也。太古冠布，齋則緇之，其緌也。孔子曰：『吾未之聞也。』冠而敝之可也。適子冠於阼，以著代也。醮於客位，加有成也。三加彌尊，喻其志也。冠而字之，敬其名也。委貌，周道也。章甫，殷道也。毋追，夏后氏之道也。周弁，殷哻，夏收，三王共皮弁素積。」《禮記正義》，卷36，頁504。

〔註66〕〔漢〕鄭玄注，〔唐〕賈公彥疏：〈士冠禮〉：「爵弁服，纁裳，純衣，緇帶，韎韐。此與君祭之服。《雜記》曰：『士弁而祭於公。』爵弁者，冕之次，其色赤而微黑，如爵頭然，或謂之緅。其布三十升。」見《儀禮注疏》，卷2，頁15。

〔註67〕〔漢〕鄭玄注〔唐〕賈公彥疏：〈考工記〉：「兵車之輪六尺有六寸，田車之輪六尺有三寸，乘車之輪六尺有六寸。六尺有六寸之輪，軹崇三尺有三寸也；加軫與轐焉，四尺也；人長八尺，登下以為節。」見《周禮注疏》，卷39，頁598。

〔註68〕同上注：〈考工記·□氏〉：「量之以為鬴，深尺，內方尺而圜其外，其實一鬴。」鄭玄《注》：「四升曰豆，四豆曰區，四區曰鬴，鬴六斗四升也，鬴十則鍾。」見《周禮注疏》，卷40，頁619。

〔註69〕同上注：〈考工記·陶人〉云：「陶人為甗：實二鬴，厚半寸，脣寸。盆，實二鬴，厚半寸，脣寸。甑，實二鬴，厚半寸，脣寸，七穿。鬲，實五觳，厚半寸，脣寸。庾，實二觳，厚半寸，脣寸。」見：《周禮注疏》，卷41，頁636。

之冕蓋無旒，不聯數也。」陸佃、鄭鍔說，大裘被袞，則同一冕，故服六而冕五。〔註70〕

以周案：

> 〈司服〉言王之冕服有六，而〈弁師〉云五冕者，不數玄冕也。玄冕無旒，〈弁師〉言垂繅綴玉之制，故不及玄冕，而云五冕皆玄冕，以玄冕為質也，則五冕內不數玄冕可知，合玄冕則有六冕亦可知。〈郊特牲〉云：「戴冕璪十有二旒」〔註71〕，則大裘之冕有旒，而卻非即袞冕。鄭、陸二說並誤。〔註72〕

案：黃以周引《禮記·郊特牲》論述「弁師掌王之五冕」〔註73〕之禮制，並引鄭玄之說，服六而冕五〔註74〕，是因「大裘之冕蓋無旒，不聯數也。」之故。但查考《禮記·郊特牲》孔穎達疏：引「《周禮·司服》云：『王祀昊天上帝，則大裘而冕，祀五帝亦如之。』」又云：『王被袞，戴冕璪十有二旒。』故知是魯禮，非周郊也。」與黃以周之案語「大裘之冕有旒，而卻非即袞冕」之說不同。

3.〈衣服通故〉第7條

> 玉府共王之服玉、佩玉、珠玉。鄭玄云：「《詩傳》曰：「佩玉，上有蔥衡，下有雙璜，衝牙蠙珠，以納其閒。」鄭司農云：「珠玉，冠飾，十二玉。」〔註75〕

以周案：

> 服玉統辭，佩玉珠玉別辭。先鄭注釋珠玉，非澤服玉。今本作「服」字。誤。阮氏《校勘記》未正。玩先鄭意，五采繅十有二就，皆五采玉十有二，謂就皆用五采之玉，就各一玉，十二就，有十二玉也。康成不用其說，故注〈弁師〉云：「合五采絲為繩，每一匝而貫五采

〔註70〕 〔清〕黃以周撰、王文錦點校：《禮書通故》，頁77。
〔註71〕 〔漢〕鄭玄注，〔唐〕孔穎達疏：〈郊特牲〉：「案周郊祭天大裘而冕，〈郊特牲〉云：『王被袞，戴冕璪十有二旒。』故知是魯禮，非周郊也。」見《禮記正義》，卷25，頁480。
〔註72〕 〔清〕黃以周撰、王文錦點校：，《禮書通故》，頁77。
〔註73〕 轉引自〈弁師〉，《周禮注疏》，卷32，頁482。
〔註74〕 〔漢〕鄭玄注，〔唐〕孔穎達疏：〈郊特牲〉：「《周禮·司服》云：『王祀昊天上帝，則大裘而冕，祀五帝亦如之。』五帝若非天，何為同服大裘？」見《禮記正義》，卷25，頁480。
〔註75〕 〔清〕黃以周撰、王文錦點校：《禮書通故》，頁78。

玉十二，旒則十二玉也。」暗斥先鄭注義。其實依先鄭注，五采玉爲一玉有五采，三采玉認爲一玉有三采，就各一玉，制與瑱同，亦足備一解。〔註76〕

案：黃以周引《周禮注疏‧天官冢宰下‧玉府》中共王之服玉、佩玉、珠玉之形制〔註77〕，及鄭玄引《詩傳》說明佩玉外觀之形式。黃以周誤將卷名「玉府」雜入正文，而出現「玉府共王之服玉、佩玉、珠玉」令人不解之文字。王文錦點校時，未指摘出來。

綜合上述三條，可知王文錦點校本失校與漏校之處，全書中諸如此類者，尚有多處，限於篇幅，無法一一羅列。

五、結 論

孔子曰：「工欲善其事，必先利其器。」（《論語‧衛靈公》）隨著學術的分工日漸細密，古籍點校本已成爲當今學者從事學術研究，蒐集資料、掌握參考文獻，不可或缺的參考書籍。古籍整理的內容雖然要注意與新材料、新視角的銜接，但是校點、注釋、輯佚、編纂、考訂等傳統方法仍需綜合運用，珍貴古籍的影印和古籍的普及（包括白話翻譯）也不可輕視。〔註78〕考據學家把古代的典籍做了種種辨僞、校勘、注釋的工作，因辨僞而去除古籍中的附會，並啓發懷疑精神，因校勘、注釋使不能讀的古書變成可讀。〔註79〕這些論點，說明古籍點校本之出書，嘉惠後代學者。

禮學繁雜，諸多問題，眾說紛紜，猶如抽絲剝繭，治絲益棼。黃以周《禮書通故》是體大思精的著作，經由王文錦點校，更彰顯此書的學術價值。筆者不揣譾漏，歸納三點此書對研究清代禮學者的影響，如下：

(一) 王文錦《禮書通故》點校本，在校勘方面頗爲用心，雖然全文有疏漏之處，但是瑕不掩瑜，爲後代研究清代禮學者提供了優良的研究

〔註76〕同上注，頁 78～79。

〔註77〕〔漢〕鄭玄注〔唐〕賈公彥疏：《天官冢宰下‧玉府》：「共王之服玉、佩玉、珠玉。佩玉者，王之所帶者。《玉藻》曰：『君子於玉比德焉。天子佩白王而玄組綬。』《詩傳》曰：『佩玉，上有蔥衡，下有雙璜、沖牙，蠙珠以納其間。』」，見《周禮注疏》，卷6，頁96。

〔註78〕吳國武：〈古籍整理是古代文史研究的創新動力〉（《社會科學報》，2008 年 2 月）。

〔註79〕詳參林師慶彰：〈實證精神的尋求──明清考據學的發展〉，收入《中國文化新論學術篇──浩翰的學海》（臺北：聯經出版事業公司，1981 年），頁335。

條件，可以此書為藍本，開拓禮學的研究領域。

（二）北京中華書局大量出版點校本古籍，採用新式標點符號。但閱讀《禮書通故》點校本引文之斷句，與原典之標點符號斷句，略有差異。大陸學者顧遷亦有撰文探討此問題，足證用新式標點符號點校古籍，已引起學者的迴響。

（三）王文錦點校此書，為全書編制了詳細目錄，並逐條編上阿拉伯數碼，方便學者閱覽和稱引。但此書凡六冊、共二七五六頁，在本書檢目上，卻未標明冊數，對學者而言，在檢索全書文獻上，稍嫌不便。

總之，要為卷帙浩繁之《禮書通故》逐篇加以點校，非學養深厚者，難以承擔此項任重道遠之工作，王文錦點校此書，部份篇章雖有值得商榷之處，但對後學者而言，《禮書通故》點校本，仍為研究晚清禮學之重要參考書籍。

參考文獻

一、專　書

1. 〔漢〕毛亨傳、〔漢〕鄭玄箋、〔唐〕孔穎達疏：《毛詩正義》，板橋市：藝文印書館，1993 年 9 月。

2. 〔漢〕鄭玄注、〔唐〕賈公彥疏：《周禮注疏》，板橋市：藝文印書館，1993 年 9 月。

3. 〔漢〕鄭玄注、〔唐〕賈公彥疏：《儀禮注疏》，板橋市：藝文印書館，1993 年 9 月。

4. 〔漢〕鄭玄注、〔唐〕孔穎達疏：《禮記正義》，板橋市：藝文印書館，1993 年 9 月。

5. 〔魏〕何晏：《論語集解》，臺北：新興書局，1973 年。

6. 〔南朝梁〕蕭子顯撰：《南齊書》，臺北：鼎文書局，1987 年。

7. 〔唐〕杜佑撰；王文錦、王永興、劉俊文、徐庭雲、謝方點校：《通典》，北京：中華書局，1988 年。

8. 〔宋〕朱熹：《論語集注》，臺北：鵝湖出版社，1998 年。

9. 〔清〕章學誠：《文史通義》、《校讎通義》，臺北：盤庚出版社，出版年月不詳。

10. 〔清〕黃以周撰、王文錦點校：《禮書通故》，北京：中華書局，2007 年。

11. 〔清〕孫詒讓：《周禮正義》，北京：中華書局，1987 年。

12. 徐世昌等編纂：《清儒學案》，北京：中華書局，2008 年。

13. 梁叔任：《荀子約注》，臺北：世界書局，1971 年。

14. 梁啟超：《清代學術概論》，臺北：臺灣中華書局，1985 年。

二、學位論文

1. 顧遷：《黃以周及其《禮書通故》研究》，南京：南京大學中國古代文學專業碩士論文，2008 年 6 月。

2. 蘇芳潔：《王楙《野客叢書》研究》，臺北：臺北市立教育大學中國語文學系碩士論文，2009 年 6 月。

三、單篇論文

1. 王義耀：〈《野客叢書》點校商榷〉，《古籍整理研究學刊》，1990 年第 3 期。

2. 林師慶彰：〈實證精神的尋求——明清考據學的發展〉，收入《中國文化新論學術篇——浩翰的學海》，臺北：聯經出版事業公司，1981 年。

3. 林師慶彰：〈中國經學發展的幾種規律〉，收入國立高雄師範大學經學研究所《經學研究集刊》，第 7 期，2009 年 11 月。

4. 吳國武：〈古籍整理是古代文史研究的創新動力〉，收入北京大學中國古文獻研究中心，《社會科學報》，2008 年 2 月。

5. 橋本秀美：〈古籍整理的理論與實踐〉，收入《版本目錄學研究》，第 1 輯，中國國家圖書館出版社，2009 年 10 月。

6. 喬秀岩：〈王文錦老師的生平與學術〉，收入《經學研究論叢》，第 18 輯，2010 年 9 月。

7. 中國國家圖書館出版社，2009 年 10 月出版《版本目錄學研究》，第 1 輯。

四、數位資源

1. 顧遷：〈《禮書通故》整理本點校訂補〉（2010 年 7 月 31 日）
http://www.douban.com/note/83235494/。

2. 臺灣中文古籍書目資料庫
http://rarebook.ncl.edu.tw/rbook.cgi/frameset4.htm。